KB179767

취미부터 취업·창업까지

타로 카운슬러

입문 편

취미부터 취업·창업까지

타로
카운슬러 입문 편

초판 1쇄 발행 2024년 1월 15일

지은이 박수연
펴낸이 유지서

펴낸곳 이야기공간×홍인문화원 **출판등록** 2020년 1월 16일 제2020-000003호
주소 04071 서울특별시 마포구 독막로 10, 성지빌딩 606호 (합정동)
전화 070-4115-0330 **팩스** 0504-330-6726 **이메일** story-js99@nate.com
블로그 blog.naver.com/story_js2020
인스타그램 https://www.instagram.com/the_story.space/
유튜브 https://www.youtube.com/channel/UCGc7DD4pxiIHPBU-b-kX5Q
이야기공간스토어 https://smartstore.naver.com/storyspace /
           22698 인천광역시 서구 승학로 406, A동 503호

편집 홍지회 **디자인** 김소연
마케팅 김영란, 신경범, 우아한이제이, 육민애
경영지원 카운트북countbook@naver.com **인쇄·제작** 미래피앤피yswiss@hanmail.net
배본사 런닝북runrunbook@naver.com **전자책 제작** 롤링다이스everbooger@gmail.com

ⓒ 2024, 박수연

ISBN 979-11-93098-11-0 03180

이야기공간스토어
바로 가기

취미부터 취업·창업까지

타로 카운슬러

입문 편

박수연 지음

이야기공간 × 홍인문화원

타로 상담사는 정말 좋은 직업입니다.

해가 거듭될수록 숙성되고 맛이 더 깊어지는

우리나라의 장맛과 비슷합니다.

상담사에게는 사람에 대한 넓은 이해를 바탕으로

사고를 유연하게 할 줄 아는 지혜가 있어야 합니다.

단순히 돈만 좇다가는 직업으로 삼는 데 한계가 있을 겁니다.

끊임없이 배우고 겸손할 줄 알아야 합니다.

인생의 기로에 서서 여러 가지 문제들로 힘들어하는 분에게

타로 상담사의 말 한마디는 위로와 용기가 됩니다.

허무맹랑한 말로 헛된 희망을 주는 게 아니라

현실을 정확히 직시해서 난관을 스스로 헤쳐갈 수 있도록

지혜의 문으로 안내해야 합니다.

절박할 때 나에게 와준 타로

2007년에 타로를 처음 접했습니다. 신기하고 재밌기는 했지만 마음속에 확 와닿지 않았습니다. 그도 그럴 것이 사주를 몇 년 전부터 배워서 이미 상담을 하고 있었습니다. 그래서 타로가 장난 같기도 하고 조금 우습게 보이기도 했습니다. 카드 몇 장 놓고 그저 말 몇 마디 해주는 것 같았으니까요. 그때는 타로를 20년 가까이 하게 될 줄은 정말 생각도 못 했습니다. 어디 그뿐인가요. 타로 상담은 물론 강의도 하고 책도 출간했으니 정말 놀라운 일이죠.

타로의 시작은 호기심이었지만 저를 전문가로 만든 건 밥벌이의 간절함이었습니다. 하루하루 살아내는 게 절박했습니다. 사주 상담만으로는 여의치 않았습니다. 타로 공부는 선택의 문제가 아니라 무조건 해야만 하는 당연지사였습니다.

2007년 당시에 타로를 전문적으로 배울 수 있는 곳이 거의 없었습니다. 카드 내용을 상담에 적용하는 방법, 실전에서 잘 쓰는 배열법, 상담을 이끌어가는 노하우 등 상담에 꼭 필요한 실질적인 내용들을 배울 수 있는 곳은 더 찾기가 어려웠습니다.

가르쳐주는 곳만 있다면 천 리 길도 마다하지 않고 찾아갈 준비가 되어 있었습니다. 정말로 상담을 잘하고 싶었기 때문입니다. 내 이름을 내걸고 말도 안 되는 내용으로 대충 얼버무리며 상담비를 받기에는 자존심이 허락하지 않았습니다.

아침에 출근하면서 '오늘은 제발 타로 손님은 오지 말고, 사주 손님만 와라' 하고 바라기도 했습니다. 하지만 현실은 호락호락하지 않았습니다. 결국 혼자서 해내는 수밖에 없었습니다. 가르쳐줄 사람을 찾기보다 스스로 그런 사람이 되자 마음먹은 거지요. 확신이 가지 않는 상담에는 아는 만큼만 얘기해주고, 반드시 내담자에게 다시 피드백을 받았습니다. 귀찮고 힘든 과정이었지만 이 방법 말고는 다른 방도가 없었습니다.

타로 입문 이론서를 쓰다

본격적으로 타로 상담을 시작하면서부터 입문자와 초보 상담사에게 정말 도움이 되는 타로 책을 만들겠다고 다짐했습니다. 저와 같은 시행착오를 최소로 하고, 정확하면서도 재미있게 타로를 알리고 싶었습니다. 노하우와 데이터가 쌓일수록 자신감도 생겼습니다. 지금은 '홍인문화원'처럼 민간자격증을 발급해주고 전문적으로 타로를 배울 수 있는 곳이 많습니다. 제 강의가 여러 기관에 배급된 이유이기도 합니다. 얼마나 다행입니까? 그만큼 타로가 보편화되어 많은 사람들이 찾고, 누군가는 상담사를 꿈꾸기도 하니까요.

30년 차가 되면 더욱더 상담을 잘할 수 있을 것 같습니다. 건강이 허락되는 한 이 일을 계속할 생각입니다. 나이가 50대라서? 60대라서? 늦었다고 생각하면 안 됩니다. 수강생 중에는 50대 중후반인 분도 굉장히 많습니다. 이분들은 연륜으로 타로 의미를 깊이 있게 풀어내고, 삶의 지혜로 상담을 더 자연스럽게 합니다.

첫 시간에 수강생들에게 질문합니다. "타로를 배워서 뭐 하실 건가요?" '배우다 보면 언젠가는 상담을 하겠지' '언제 할지 모르지만 미리 배워야지' 이런 생각에 저는 동의하지 않습니다. "취업하고 싶어요" "강의를 할 생각입니다" "타로 카페를 차릴 예정이에요" 이처럼 구체적이고 현실적인 목표가 중요합니다. 그런 분이 간절하게 공부하며 또 가르칠 맛이 납니다.

삶의 지혜와 용기를 주는 타로의 힘

"선생님 고맙습니다. 그때 정말 고비를 잘 넘겼어요."

"선생님 덕분에 다행히 나쁜 일을 피할 수 있었어요."

"선생님이 아니었다면 전 아직도 정신 차리지 못했을 거예요."

"선생님께 타로를 보면 속이 뻥 뚫려요."

타로 상담사는 정말 좋은 직업입니다. 해가 거듭될수록 숙성되고 맛이 깊어지는 우리나라의 장맛과 비슷합니다. 상담사에게는 사람에 대한 넓은 이해를 바탕으로 사고를 유연하게 할 줄 아는 지혜가 있어야 합니다. 단순히 돈만 좇다가는 직업으로 삼는 데 한계가 있을 겁니다. 끊임없이 배우고 겸손할 줄 알아야 합니다.

인생의 기로에 서서 여러 가지 문제들로 힘들어하는 분에게 타로 상담사의 말 한마디는 위로와 용기가 됩니다. 허무맹랑한 말로 헛된 희망을 주는 게 아니라 현실을 정확히 직시해서 난관을 스스로 헤쳐갈 수 있도록 지혜의 문으로 안내하는 게 상담사의 일입니다.

누군가는 재미 삼아 타로를 보러 오기도 하고, 누군가는 정말 절박해서 마지막이라는 심정으로 오기도 합니다. 타로는 거짓말을 하지 않습니다. 상담사의 혀가, 입이 거짓말을 합니다. 왜 그럴까요? 타로 해석을 잘 못하기 때문입니다.

부디, 잘 배우고 끊임없이 다듬어서 지혜로운 상담사가 되길 바랍니다.

동교동에서
수연(琇瑀)

차례

차례

제8부 배열법과 리딩

제9부 타로 카운슬러 Q&A 10

부록. 키워드를 활용한 리딩 노트

일러두기

· 이 책은 타로학 개론이나 논문이 아닙니다. 타로 상담사라는 직업을 갖기 위해 배워야 할 타로 기초 입문서로, 자격증을 취득하고 현장에서 상담하기 위한 교재입니다.

· 이 책의 모든 내용이 완벽하다고 할 수는 없지만, 필자가 15년이라는 시간 동안 3만여 건 이상을 임상한 통계를 바탕으로 확신 있는 내용과 현실적으로 상담할 수 있는 내용을 담았습니다.

· 이론 공부를 마친 후 홍인문화원 홈페이지나 사무실로 방문해 시험을 본 후 '에이스타로카운슬러 1급' 민간자격증을 취득할 수 있습니다.

· 이 책을 공부하여 민간자격증을 취득할 수는 있지만, 실전 리딩은 따로 공부해야 합니다.

· 이 책에서 역카드는 다루지 않았습니다. 정카드 내용이 있는 다음에 역카드 내용이 존재하므로, 정카드 리딩을 충분히 터득한 후 역카드를 배워 활용하길 바랍니다.

· '타로 카운슬러 Q&A 10'에서는 상담 현장의 생생함을 살리기 위해 대화체가 사용되었습니다.

· 유니버설 웨이트 덱에 대해 포괄적인 내용을 더 알고 싶으신 분들의 추천 도서 문의가 많았습니다. 공부하는 학인들의 마음을 십분 이해하기에 두 권의 책을 추천합니다.

아서 에드워드 웨이트, 정현근 옮김, 《타로의 그림열쇠》, 타로, 2023(개정판).

레이첼 폴락, 이선화 옮김, 《타로 카드 100배 즐기기_초보에서 전문가까지》, 물병자리, 2005.

제1부

타로의
이해

타로의 이해

✦ 타로의 역사

타로의 기원은 정확하지 않지만 11세기에서 13세기에 유럽 일부 지역에서 게임 도구로 사용한 흔적이 발견됩니다. 1392년 화가 자크맹 그랭고노가 프랑스 왕 샤를 6세를 위해 만든 세 벌의 덱입니다. 카드 대금으로 56수를 지불했다는 기록이 있습니다. 현재 17장만 파리 국립도서관에 소장되어 있습니다.

1760년 클래식 타로로 사랑받는 마르세유 덱의 기본 모델인 니콜라 콩베르 덱이 탄생했습니다. 1888년에 창단된 황금새벽회는 타로 역사에 지대한 공헌을 한 단체로 마법과 신비주의를 연구하고 부흥시킨 비밀 단체입니다. 1910년 모던 카드의 대표인 라이더 웨이트 덱이 탄생했습니다. 웨이트가 기획하고, 화가 스미스가 그렸으며, 라이더사로부터 발매되었습니다. 2023년 현재 존재하는 타로 종류는 7천여 개가 넘으며 계속 새롭게 만들어지고 있습니다

✦ 타로 카드 점이란?

· 각각의 카드에 담겨 있는 의미들로 점을 칩니다.

메이저 카드 0. 바보부터 21. 세계 카드까지 다양한 인물과 상황들이 펼쳐집니다. 마이너 카드의 4원소 흙(동전), 물(컵), 불(지팡이), 공기(검)과 수비학 에이스(Ace)부터 10, 그리고 코트 카드에서 시종, 기사, 여왕, 왕의 계급이 등장합니다. 78장의 타로 카드를 가지고 내담자의 질문과 상황, 심리에 맞게 점을 칩니다.

• 타로 78장으로 심리 파악과 인생의 길흉화복을 예측할 수 있습니다.

타로는 구체적이고 현실적인 질문에 좀 더 명확한 답을 제시합니다. 좋고, 나쁘고, 잘되고, 안 되고 등 다양한 방법을 보여줍니다. 타로에 담긴 4원소와 수비학은 내담자와 상대방의 심리를 파악하는 매우 중요한 요소입니다. 반드시 4원소와 수비학을 숙지해야 합니다.

• 점은 수비학과 반드시 결합됩니다.

동양이든 서양이든 모든 점은 수(數)와 밀접한 관계를 가집니다. 1부터 10까지 수에 대한 정확한 이해와 지식이 반드시 필요합니다. 수를 알고 점을 치면 타로는 좋은 수를 그대로 보여줍니다.

• 반드시 상담사와 질문자가 필요합니다.

상담이기 때문에 대상이 필요합니다. 가끔 질문하는 사람이 타로 상담사 자신일 때 사적인 감정이 개입되기 쉽습니다. 그렇게 되면 객관적으로 리딩하기 어렵고, 자신의 문제이기 때문에 카드 결과가 맞지 않을 때도 있습니다. 타로 상담사가 절박한 질문이 있더라도 고도의 실력을 갖추기 전까지는 다른 타로 상담사에게 점을 치기 바랍니다.

✦ 타로 점을 치기 위한 준비 도구

· 유니버설 웨이트 덱 80장

유니버설 웨이트 덱과 유사한 덱이 많습니다. 입문자는 오리지널 카드로 공부하길 바랍니다. 어느 정도 리딩 실력이 갖춰지면 유니버설 웨이트 덱에서 파생된 다른 덱을 구입해서 다양성을 겸비하길 추천합니다.

· 스프레드 천

스프레드 천은 스웨이드 천이 가장 좋습니다. 활용은 물론 카드와의 궁합도 잘 맞습니다. 4년 가까이 동대문 천 상가에서 일일이 발품을 팔아서 타로와 딱 맞는 천을 찾았을 때 무척 기뻤습니다. 판매용으로 비싼 천이 많지만 스프레드가 자연스럽게 되지 않고 비효율적입니다. 문화센터에서 강의할 때부터 스웨이드 천을 많이 보급했습니다.
(구입처 : 홍인문화원)

· 타로 케이스

타로 카드는 케이스에 보관해야 휘어지지 않습니다. 조금만 휘어져도 스프레드를 했을 때 모양이 잘 잡히지 않습니다. 케이스는 원목, 플라스틱, 종이 상자 등 다양합니다. 여러 종류의 타로 카드를 보기 좋게 케이스에 보관하여 상담하길 바랍니다.

· 보조 카드

유니버설 웨이트 덱으로 점을 치다 보면 어떠한 질문에서는 막힐 때도 있습니다. 그럴 때는 보조 카드를 활용하기도 합니다. 또 다양한 타로 카드의 활용을 좋아하는 내담자도 있습니다. 일종의 이벤트성을 갖고 있기 때문입니다. 반드시 보조 카드를 사용해야 하는 건 아니지만, 활용해 보면 타로 리딩이 좀 더 풍성해지고 내담자들의 만족도도 올라간다는 것을 느낄 수 있을 겁니다.

✦ 타로 점을 치는 자세

· 질문은 구체적이고 정확해야 하며, 반복되는 질문은 피해야 합니다.

초보 상담사들이 가장 어려워하는 부분입니다. 예를 들어서 "재물 운을 봐주세요" 이렇게 내담자가 물으면 카드 몇 장 뽑은 후 리딩을 합니다. 절대 그래서는 안 됩니다. 돈을 받는 건지, 혹은 갚으려는 건지, 월급, 연봉, 사업 자금 등 어떤 재물 운을 알고 싶은지 구체적으로 질문을 받아야 합니다. 상담사가 내담자와 소통을 통해 질문을 이끌어내도 좋습니다. 가령 내담자가 원하는 답이 나오지 않으면 다음 날 또 물어보고, 며칠 후에 다시 찾아와 똑같은 질문을 하는 경우가 있습니다. 그건 타로 점이 아니라 자신의 집착에 지나지 않습니다.

· 질문은 현실적이고 간절해야 합니다.

점(占)이라고 함은 인간의 힘으로 해볼 때까지 해보다 한계에 봉착했을 때 전지전능한 우주의 누군가에게 물어보는 것입니다. 노력도 하지 않고 막연한 마음이나 호기심으로 점을 칠 수는 없습니다. 타로는 절박한 문제나 스스로의 한계에 다다랐을 때 답을 더 잘 보여줍니다.

예를 들어 고3 학생이 와서 "제가 뭘 해서 먹고 살아야 할까요?"나 아이돌 준비생이 와서 "언제쯤 대박이 날까요?"라는 질문은 현실적이지 않습니다. 단순한 궁금증에 지나지 않으며 타로에서 정확한 답을 주지 않습니다.

타로 입문자나 초보 상담사들에게 매우 강조해서 말합니다. 해도 그만 안 해도 그만인 질문은 받지 말아야 합니다. 물론 타성에 젖거나 수입과 연관되기 때문에 그런 질문을 받는 상황도 충분히 이해합니다. 이런 질문으로 리딩을 하다 보면 아무리 내담자가 많이 오는 곳이라도 적중률이 떨어진다는 평을 받을 수 있습니다.

· 사행성 질문은 받지 않아야 합니다.

주식, 비트코인, 로또, 경마, 성인용 베팅 게임 등의 질문은 받으면 안 됩니다. "언제쯤 주식이 대박 날까요?" "이번 주에 로또에 당첨될까요?" "경마에서 몇 번 말을 베팅할까요?" 등의 사행성 질문은 받지 않습니다. 다시 말해서 인간의 탐욕과 관련된 질문들로 점을 치면 안 됩니다.

· 상담사의 사적인 감정은 배제합니다.

굉장히 쉬울 것 같지만 아주 어려운 부분입니다. 상담사도 사람인지라 감정의 기복이 심합니다. 몸이 아프거나, 기분이 우울하거나, 안 좋은 일이 생기거나, 반대로 좋을 때조차도 그대로 상담에 반영됩니다. 그건 프로의 자세가 아닙니다. 무엇보다 내담자가 금방 알아차립니다. 똑같은 타로도 전혀 다른 방향으로 리딩을 합니다. 반드시 주의해야 합니다. 수련과 명상을 통해 마음을 잘 다스리는 지혜로운 자세가 필요합니다.

· 상담사와 내담자의 교감이 중요합니다.

상담사와 내담자의 일대일 교감이 굉장히 중요합니다. 아무런 편견 없이 내담자를 대해야 합니다. 내담자도 마음의 문을 열고, 긴장을 푼 후에 타로를 마주해야 합니다. 그렇기 때문에 전화 상담이 조금 어려운 부분이 있습니다. 경력과 수많은 노하우가 쌓인 저도 전화 상담이 쉽지만은 않았습니다. 초보 상담사는 더 어려울 것입니다. 상담사와 내담자, 그리고 타로와 공감이 잘 이루어지면 타로는 유리창처럼 순수하고 투명하게 다 비추어 보여줍니다.

· 질문에 따른 배열법을 먼저 정하고 스프레드를 하기 바랍니다.

실전에서 상담사로 활약하고 계신 멋진 선생님들을 보면 다양한 배열법을 활용합니다. 그 질문에 딱 떨어지는 배열법도 있고, 어떠한 질문에도 활용 가능한 배열법도 있습니다.

확실한 배열법 5, 6가지만 잘 활용해도 프로의 향기가 납니다. 여러 가지 배열법을 배우고 익숙해지면 유독 상담사 자신과 잘 맞는 배열법도 발견하게 될 겁니다.

연인들의 연애 운에는 컵오브릴레이션 배열법을 써야겠다. 다양한 질문에는 매직세븐 배열법을 써야겠다. 1년 운세나 궁합을 보는 배열법은 이렇게 해야겠다. 이처럼 확실한 배열법을 배우셔서 멋지게 활용하길 바랍니다. 참고로 현장에서는 고정 배열법을 확실하게 공부해서 상담하면 정확도도 높을뿐더러 자연스럽게 수입과도 연결됩니다.

제2부

메이져
카드

0. 바보
THE FOOL

✳ 키워드

단순함, 천진함, 계산을 못함, 방랑벽, 바보, 자유, 여행, 모험, 무계획, 경솔함, 낙천적인,
미성숙, 불완전

사랑	돈	사업	승진	취업	매매	이동	합격	관재	건강
하	하	하	하	하	하	상	하	하	중

카드의 숫자는 0이다. 따뜻함과 생동감을 나타내는 노란색 배경에 바보는 아름답고 화려한 비단 옷을 입고 낭떠러지에 서 있다. 긴 막대에 봇짐을 메고 한 손에는 백장미를 들었다. 아무런 근심이 없어 보이고, 오히려 순수하고 천진난만해 보이기까지 한다. 바보 옆의 하얀색 개는 마치 위험을 알리는 듯한 모습이고, 하얀색 태양이 오른쪽 위에 떠 있다.

실전 상담

- ◆ 연애 운 : 연애는 아무 생각 없이 좋다. 맘이 붕 떠 있다. 어린아이 같은 순수함은 좋지만 성숙한 사랑은 어렵다. 단순한 스킨십을 좋아하며 진도를 더 이상 뺄 수 없다.
- ◆ 사업 운 : 사업은 힘들다. 만약 시작하더라도 오래가기 어렵다. 집안에서 차려줘도 바로 말아먹는다.
- ◆ 재물 운 : 있는 것을 지키기도 어렵다.
- ◆ 학업 운 : 의미 없이 가방만 들고 다닌다.
- ◆ 승진·합격 운 : 승진과 합격은 어렵다.

상담 tip

별생각 없이 놀러 다니거나 여행을 하면 좋다. 한량처럼 단순하게 살면 된다. 조력자의 말을 들으면 도움이 된다. 만나는 사람이나 배우자가 이런 성향이라면 많은 것을 바라지 않는 게 좋다. 자녀가 이런 성격이라면 하고 싶은 걸 시키면 된다. 돈벌이를 해주는 것만도 감사하게 생각해야 한다.

✳ 예상 문제

상대방의 성향으로 바보 카드가 나왔다. 틀린 것은?

① 순진하다.　② 계산적이다.　③ 여행 다니는 것을 좋아한다.　④ 예술적이다.

1. 마법사
THE MAGICIAN

✴ 키워드

시작하는, 창조하는, 능력자, 다재다능한, 돈을 버는, 연애를 잘하는, 말을 잘하는,
아이디어가 많은

사랑	돈	사업	승진	취업	매매	이동	합격	관재	건강
상	상	상	상	상	상	상	상	상	상

마법사는 흰색 옷에 빨간색 겉옷을 걸치고, 허리에는 뱀이 꼬리를 물고 있는 우로보로스 허리띠를 두르고 있다. 머리 위에는 무한대의 표시가 있으며 손으로는 하늘과 땅을 가리키고 있다. 나무 탁자 위에는 마이너 카드의 상징인 동전, 컵, 지팡이, 검이 놓여 있다. 장미 넝쿨과 백합이 마법사를 감싸고 있다.

실전 상담

◆ 연애 운 : 마법사처럼 매력이 많은 남자와의 연애는 재미있다. 자신감이 넘치고 당당한 성향이다. 많은 것을 함께 경험하면서 이벤트도 해준다. 다소 바람기가 있을 수 있다.

◆ 사업 운 : 사업을 시작해도 괜찮다. 현재 사업을 하고 있다면 다재다능한 능력으로 돈과 재물을 잘 만든다.

◆ 학업 운 : 이과와 문과 성향을 골고루 가지고 있으며 머리가 비상하다.

◆ 승진·합격 운 : 승진과 합격 운이 있다. 이동하는 것도 괜찮다.

상담 tip

마법사가 나오면 프리패스 카드다. 어떤 질문을 물어보든 답은 "예스"다. 수비학에서 1은 유(有)를 상징하고 출발을 의미하므로 내 손바닥 안에 무언가가 잡히는 것이다. 남자 친구, 남편, 회사의 상사가 이런 사람이면 인생 살기가 편하다.

✦ 예상 문제

"취업할 수 있을까요?"라는 질문의 결과에 마법사 카드가 나왔다. 올바른 리딩은?
① 이번에 취업합니다. ② 다음번에 됩니다. ③ 공부를 더 하세요. ④ 이번 연도에는 어려워요.

2. 여사제
THE HIGH PRIESTESS

✳ 키워드

신비로운, 여성스러운, 비밀스러운, 아름다운, 품위 있는, 문서, 종교적인, 영적인, 지혜로운,
이중적인

사랑	돈	사업	승진	취업	매매	이동	합격	관재	건강
하	하	하	하	하	하	하	하	하	하

회화적 설명

여사제는 조용하고 차분한 표정으로 알파벳 B, J의 검은 기둥과 흰 기둥 사이에 앉아 있다. 몸은 흰색과 파란색 옷으로 다 감추고 간신히 얼굴만 보이며 아름다움과 청초함이 느껴진다. 저 멀리 바다가 보이지만 석류 그림의 휘장이 가리고 있다. 여사제의 발밑에는 초승달이 있고, 머리 위에는 보름달이 있다. 가슴에는 종교성을 나타내는 십자가가 있으며, 손에는 'TORA'라고 적힌 두루마리 문서를 살짝 감추고 있다.

실전 상담

✦ 연애 운 : 연애는 상당히 어렵다. 곁을 주지 않기 때문에 내 사람이 되기에는 너무 힘들다. 오랜 시간 동안 공을 들여야 하지만 현실에서는 쉽지 않다. 고고하고 지적이며 아름다운 여자다. 종교성 또한 굉장히 강해 종교 모임이나 관련된 일이 연애에 도움을 줄 수 있다.

✦ 사업·승진·합격·매매·이동 운 : 어렵다.

상담 tip

여사제는 이중적인, 신비스러운, 비밀이 많은, 지혜로운 생각, 종교성과 관련이 깊다. 가끔 실전 상담에서 숨겨놓은 비밀스러운 여자로 등장할 수도 있고, 나이 많은 싱글 여자가 많다. 청초하고 아름다우며 신비스러운 분위기가 있다. 이 여인을 남자들이 좋아하기는 하지만 연인으로 발전되기는 매우 어렵다. 여사제는 재물과 경제적으로는 크게 상관없다. 공부를 많이 하는 전문직에서도 가끔 나오는 카드다.

✴ 예상 문제

여사제 카드의 성격으로 틀린 것은?

① 조용하고 차분하다. ② 종교성을 좋아한다. ③ 지적이고 신비스러운 분위기다. ④ 활발하고 적극적이다.

3. 여황제
THE EMPRESS

✳ 키워드

풍요로운, 유산 상속, 집안이 좋은, 임신, 조강지처, 어머니, 연상의 여인, 부드러운 카리스마

사랑	돈	사업	승진	취업	매매	이동	합격	관재	건강
상	상	상	상	상	상	상	상	상	상

여황제는 임부복으로 보이는 옷을 입고 있으며, 권위적이지 않고 편안해 보이는 소파에 앉아 있다. 여황제의 앞에는 풍요로운 밀밭이 펼쳐져 있다. 12개의 별이 달린 왕관과 손에 들고 있는 봉이 여황제의 신분을 나타낸다. 뒤로 보이는 숲과 흐르는 물은 유산 상속과 많은 재산을 의미한다.

실전 상담

- 연애 운 : 편안하고 안정감 있는 연애를 한다. 모성 본능이 있으며 부드럽고 이해심이 많다. 연상의 여인에게서 많이 나온다.
- 사업 운 : 안정적이고 잘되는 사업 운을 가지고 있다. 가업을 물려받을 수도 있다. 전문직에서도 많이 나온다.
- 재물 운 : 넉넉하고 풍요로운 재물 운을 가지고 있다.
- 학업 운 : 좋은 소식을 들을 수 있으며 원하는 곳에 진학할 수 있다.
- 사업·승진·합격·매매·이동 운 : 매우 좋다.

상담 tip

연애 중에 여황제가 나오면 임신을 조심해야 한다. 섹시하고 관능적인 여자를 기대하면 이 여인과는 거리가 멀다. 푸근하고 성숙하며 조강지처 같은 이미지의 여인이 이 카드의 주인공이다. 합격, 승진, 사업에 관해서는 매우 좋다. 여왕의 자리이다 보니 목표로 하는 학교나 직장을 갈 수 있다.

✻ 예상 문제

"사업을 하면 어떨까요?"라는 질문의 결과에 여황제 카드가 나왔다. 올바른 리딩은?

① 개업하면 절대로 안 된다. ② 개업하세요. ③ 동업하세요. ④ 1년 후에 개업하세요.

4. 황제
THE EMPEROR

✳ 키워드

권위적인, 보수적인, 카리스마, 고집, 명예, 나이 많은, 오랫동안, 전통, 대기업, 국가 권력

사랑	돈	사업	승진	취업	매매	이동	합격	관재	건강
중	상	상	상	상	상	상	상	상	중

황제는 열정과 힘을 상징하는 빨간색 배경과 빨간색 옷을 입고 있으며, 대리석으로 만든 딱딱하고 무거운 의자에 앉아 있다. 의자의 네 귀퉁이에는 고집을 상징하는 양머리가 조각되어 있다. 절대 권력을 상징하는 왕관과 손에 들고 있는 십자가는 황제의 카리스마를 한층 더 돋보이게 하고, 신발도 힘과 권력을 상징한다. 오랫동안 권력을 잡고 있는 황제는 항상 주위를 견제해야만 한다. 눈동자가 그것을 나타낸다.

- ✦ 연애 운 : 보수적이고 권위적인 성향이며 본인 위주의 연애를 한다. 상대방을 배려하거나 이해하는 연애는 어렵다. 마치 아버지와 딸처럼 나이 차이가 많은 상대일 수도 있다.
- ✦ 사업 운 : 사업이 안정적이며 카리스마와 리더십이 있는 사장이나 회장이다. 나라를 상대로 하는 큰 사업도 많이 하며, 국가 공무원이면 고위직일 확률이 높다.
- ✦ 재물 운 : 매우 튼튼하고 확실한 큰 금고를 가지고 있다.
- ✦ 학업 운 : 머리가 좋아 학생 회장으로 선출되기도 하며, 저세술이 뛰어나 성치노 잘한나.
- ✦ 승진·합격 운 : 승진, 합격, 매매에 관해서도 좋다.

황제는 항상 고독하며 권위적이고 보수적이며 세상의 중심이 자신이다. 다른 사람이 넘볼 수 없을 만큼 높은 권력과 엄청난 재산을 가지고 있다. 그것이 이 사람의 무기일 수 있다. 자신이 원하면 얼마든지 여자를 만나고, 많은 수의 여자를 동시에 만날 수도 있다. 하지만 사업이나 일에서 오는 스트레스가 크다. 이런 성향을 가진 사람이 단골 상담 손님이면 좋다. 주머니가 넉넉해진다.

✱ 예상 문제

남자 친구의 성향으로 황제 카드가 나왔다. 틀린 것은?

① 부드럽고 자상하다.　② 권위적이다.　③ 보수적이다.　④ 돈이 많아서 사 달라는 것을 사준다.

5. 교황
THE HIEROPHANT

✴ 키워드

멘토, 정신적인 상담, 중재자, 종교적인, 이중적인, 보수적인, 재물에 관심이 없는, 교육, 방대한 지식

사랑	돈	사업	승진	취업	매매	이동	합격	관재	건강
중	하	하	하	하	중	하	하	하	중

회화적 설명

교황은 태양을 나타내는 빨간색과 세 십자가가 그려진 미사복을 입고 두 기둥 사이에 앉아 있다. 교회에서는 최고의 권력자다. 교황의 앞으로 두 복사가 앉아 있으며, 그 사이에 열쇠가 놓여 있다. 교황은 세 손가락을 들어 보인다.

실전 상담

◆ 연애 운 : 종교적이고 정신적인 사랑이라면 매우 좋다. 상대방의 말을 잘 들어 주고 다정다감하다. 멘토 역할과 같이 상담을 잘 해준다.

◆ 사업 운 : 종교와 관련된 사업이나 일이면 좋다. 만약 큰 교회의 목사면 매우 좋다.

◆ 재물 운 : 일반적으로 재물 운은 없는 편이다.

◆ 학업 운 : 공부하는 걸 좋아하고 타고난 머리가 좋다. 방대한 지식을 습득하는 것도 좋아한다. 교육 계열이나 종교 쪽으로 가면 성향과도 잘 맞다.

◆ 승진·합격 운 : 승진, 합격, 매매는 어렵다.

상담 tip

교황은 멘토, 중재자, 상담사다. 종교와 관련될 때 많이 나오는 카드지만, 주위에 귀인이 있을 때도 교황 카드가 나온다. 어려움이 있을 때마다 지혜와 연륜으로 사람을 편안하게 해주고, 희망과 용기를 주는 인물이다. 견문이 넓고 학식도 높아서 도움이 많이 되는 사람이다. 권태기나 스킨십에 문제가 있을 때도 자주 등장한다. 같은 종교를 가지면 긍정적이지만, 그렇지 않으면 극복하기 어렵다.

✳ 예상 문제

남자 친구의 성향으로 교황 카드가 나왔다. 틀린 것은?

① 부드럽고 자상하다. ② 박학다식하다. ③ 틈나는 대로 사랑을 나누고 싶어 한다. ④ 교회 오빠다.

6. 연인들
THE LOVERS

✴ 키워드

사랑, 연인, 궁합이 좋은, 나랑 맞는 직업, 예술적인, 아름다운, 서로가 좋은,
육체적인 섹시함, 좋은 파트너

사랑	돈	사업	승진	취업	매매	이동	합격	관재	건강
상	중	상	상	상	상	상	상	상	상

연인의 배경은 에덴동산을 떠올리게 한다. 두 남녀가 옷을 걸치지 않고 서 있다. 대천사 라파엘은 태양 아래 큰 날개를 펼치고 두 사람에게 축복을 내려주고 있는 듯하다. 천사의 옷과 머리, 날개는 매우 화려하고 아름답다.

실전 상담

◆ 연애 운 : 연애, 애정과 관련해서는 최고로 좋은 카드다. 궁합이 잘 맞고 아름다우며 선남선녀 커플이다.

◆ 사업 운 : 자신의 적성에 맞는 사업을 한다. 예술, 패션, 뷰티 등 예체능이나 연예계 쪽이면 긍정적이다.

◆ 재물 운 : 넉넉하고 화려하게 산다.

◆ 승진·합격 운 : 승진, 합격, 매매도 좋다.

상담 tip

타로를 보는 사람들 중 70퍼센트 이상이 연애 운을 물어본다. 연애 질문 결과에 연인 카드가 나오면 매우 좋다. 새로운 연인이 생긴다는 뜻이기도 하고, 겉으로나 속으로나 매우 흡족한 연애를 한다. 예술 계통이나 연예인들도 많이 뽑는 카드로 실제로 한 연예인이 와서 이 카드를 뽑고 드라마에서 대박을 터트렸다. 매우 아름답고 화려한 외모와 직업을 가지고 산다. 대천사 라파엘은 '사랑에 눈을 뜨다'의 의미를 가진 천사다.

✳ 예상 문제

직업을 물었을 때 연인 카드가 나왔다. 맞지 않는 직업은?
① 회계사 ② 모델 ③ 연기자 ④ 발레리나

7. 전차
THE CHARIOT

✳ 키워드

추진력, 돌진하는, 주도적인, 자신감 있는, 승리, 성공, 열심히 하는, 이동하는

사랑	돈	사업	승진	취업	매매	이동	합격	관재	건강
중	중	상	상	상	상	상	중	중	상

전차에 몸을 실은 기사가 앞으로 열심히 달리는 모습이다. 양쪽에는 스핑크스 형상의 말이 전차를 끌고 간다. 화려한 옷과 전차가 기사의 신분을 나타낸다. 자신감이 높고 운동신경과 추진력이 뛰어나며 잘생긴 근육질의 남자다. 반면 이중성을 보이기도 한다. 타로 카드의 그림에 등장하는 두 기둥, 두 바퀴, 두 사람, 두 마리의 동물 등은 모두 이중성을 상징한다.

실전 상담

◆ 연애 운 : 속도감 있고 진도가 빠른 연애를 한다. 실천하고 행동하는 잘생긴 남자를 만난다. 운동선수, 군인, 경찰 쪽의 남자도 많이 나오는 카드다. 이중성이 있는 카드로 자신에게 진심인지를 항상 지켜봐야 한다.

◆ 사업 운 : 사업이나 일과 관련해 추진력 있게 밀어붙인다. 열정도 있고 열심히 하기 때문에 결과가 좋다.

◆ 학업 운 : 체육 관련, 운동선수, 군인, 경찰, 보안 업체 쪽으로 선택하면 좋다.

◆ 재물 운 : 가진 것보다 벌려놓은 게 많은지 봐야 한다.

◆ 승진·합격 운 : 승진, 합격, 매매에 관해서는 좋다.

상담 tip

전차는 특히 프로 운동선수, 군인, 경찰에게 많이 나온다. 운동선수를 하다가 연예인이 된 분도 많이 뽑는다. 조심해야 될 것은 연애와 관련해서는 바람기를 봐야 한다. 매력이 많아 사람들이 가만두지 않는다. 똑똑하고 힘이 좋으며 택배, 운수, 여행사처럼 움직임이 있는 사업이 좋다.

✳ 예상 문제

남자의 성향으로 전차 카드가 나왔다. 틀린 것은?
① 남자답고 멋지다.　② 운동하는 것을 좋아한다.　③ 돈이 많다.　④ 여자가 많을 것 같다.

8. 힘
STRENGTH

✶ 키워드

외유내강, 지혜로운, 잘 조련하는, 관리를 잘하는, 인내하는, 절제력이 있는, 좀 벅찬,
힘이 드는

사랑	돈	사업	승진	취업	매매	이동	합격	관재	건강
상	상	상	상	상	상	상	상	상	상

이 여인은 대지의 여신이자 백수의 여왕인 키벨레로 알려져 있다. 연약해 보이지만 내면에는 지혜를 가지고 있으며, 백수의 왕인 사자를 조련하는 모습이다. 여인의 머리 위에는 무한대를 나타내는 뫼비우스의 띠가 있다. 사자와 여인의 사이에는 장미로 만든 허리띠가 묶여져 있다.

실전 상담

- ◆ 연애 운 : 벅찬 상대를 힘이 아닌 지혜로 잘 리드하며 소통한다. 슬기롭게 헤쳐나가는 연애를 하고, 어려움이 닥쳐도 인내할 줄 안다.
- ◆ 사업 운 : 조금 버거운 부분이 있지만 사업 또한 외유내강으로 잘 해결하고 유지한다.
- ◆ 재물 운 : 스스로 관리하기에 벅찬 크기의 재물이라 스트레스를 받는다.
- ◆ 학업 운 : 힘든 부분이 있지만 머리와 체력이 좋아서 잘 이겨낸다.
- ◆ 승진·합격 운 : 승진, 매매, 합격은 과정이 힘들고 어렵지만 결과는 좋다.

상담 tip

힘 카드는 상황이 힘들지만 마치 어머니가 자식을 잘 달래고 보듬어 결국에는 훌륭하게 키우듯이 인내심과 지혜로 이겨낸다는 의미가 담겼다. 인내는 힘들지만 결과는 달콤하다. 힘든 상황을 잘 견디고, 견뎌야 한다. 대부분의 내담자는 힘들어 죽겠다면서 상담을 요청한다. 하지만 실제로 보면 엄살인 경우가 많으며, 이런 질문자는 가만히 이야기를 들어주면 된다. 자신에게 벅찬 크기의 재물을 관리하면 좋을 것 같지만, 매우 피곤하고 엄청난 스트레스를 받는다. 돈의 노예인 셈이다. 그래도 관리를 잘하면 자신에게 많은 것이 돌아간다.

✳ 예상 문제

"이번에 승진할 수 있을까요?"라는 질문의 결과에 힘 카드가 나왔다. 올바른 리딩은?

① 이번에는 안 된다. ② 어렵고 힘들게 된다. ③ 다른 사람이 된다. ④ 승진하는 데 오래 걸린다.

9. 은둔자
THE HERMIT

✴ 키워드

은둔하는, 시골로 내려가는, 내적 성찰, 초야의 고수, 공부, 철학적인, 지혜가 많은,
현실성이 없는, 나이가 많은, 체력이 부족한

사랑	돈	사업	승진	취업	매매	이동	합격	관재	건강
하	하	하	하	하	하	하	하	하	하

나이 든 노인이 한줄기의 등불을 들고 지팡이에 의지한 채 설산 위에 서 있다. 수염은 연륜과 철학적 의미를 담고 있으며, 긴 여행을 떠나려고 한다. 현실적인 세상살이와는 거리가 멀다.

실전 상담

◆ 연애 운 : 연애를 할 에너지가 없고 현재 사귀고 있다면 끝이 보인다. "새로운 상대를 사귈 수 있을까요?"라고 묻는다면 당분간 연애 운은 없다.

◆ 사업 운 : 하고 있는 것마저 접어야 한다.

◆ 재물 운 : 재물 운과는 거리가 멀다. 은퇴하고 귀촌하는 경우에 많이 나온다.

◆ 건강 운 : 건강이 몹시 좋지 않고, 특히 젊은 사람에게 은둔자가 나오면 굉장히 부정적이다. 노인 체력이다.

◆ 학업 운 : 자신이 배우고 싶은 철학이나, 심리, 종교와 관련된 공부라면 좋다.

◆ 승진·합격 운 : 승진, 매매, 합격은 어렵다.

상담 tip

은둔자는 노인 카드고, 현실을 등지고 깊숙이 굴을 파고 어두운 곳으로 들어간다. 건강도 많이 신경 써야 하고, 돈에는 아무런 미련이 없는 사람이다. 하지만 오랜 연륜으로 자신만의 철학이 확고하다. 가끔 은둔자와 다른 부정의 카드가 함께 나올 경우 중년의 돈 많은 여인을 노리는 나이 많은 사기꾼이므로 조심해야 한다. 나는 자연인이다.

✳ 예상 문제

"이번에 식당을 개업하려고 합니다. 해도 될까요?"라는 질문의 결과에 은둔자 카드가 나왔다. 올바른 리딩은?

① 해도 된다. ② 시골에 가서 하세요. ③ 하면 절대로 안 된다. ④ 아버지랑 같이 하세요.

10. 운명의 수레바퀴
WHEEL of FORTUNE

✳ 키워드

운명적인, 터닝 포인트, 순환, 반복, 우연히, 새로운 시작, 인연, 오랜 세월, 지구, 눈, 카메라

사랑	돈	사업	승진	취업	매매	이동	합격	관재	건강
상	상	상	상	상	상	상	상	상	상

운명의 수레바퀴 주위에 스핑크스, 아누비스, 뱀이 있다. 구름 속에서 책을 들고 있는 수호신은 공기, 물, 불, 흙(4원소)을 상징한다. 가운데는 시계 방향으로 'TARO(타로)'가, 반대 방향으로는 'TORA(토라)'라고 적힌 글자가 보인다.

실전 상담

✦ 연애 운 : 상대와 나는 운명이고 인연이다. 악연, 필연, 우연도 모두 다 운명이다. 오래된 연인은 헤어짐과 만남을 반복한다.

✦ 사업 운 : 오랫동안 하던 사업을 유지해야 한다. 운명적으로 사업을 물려받는 경우도 있다.

✦ 재물 운 : 재물은 순리대로 들어오며, 안 좋은 일로 취한 재물은 반드시 대가를 치른다.

✦ 건강 운 : 건강 운은 좋지만 항상 혈관, 눈, 심장 쪽을 조심해야 한다.

✦ 학업 운 : 학업은 내가 하고 싶고 원하는 것을 하면 된다.

✦ 승진·합격 운 : 승진, 매매, 합격이 된다.

상담 tip

운명의 수레바퀴는 책임이 가장 강한 카드다. 순리대로 인연대로 되며 억지로 욕심을 부린다고 되지 않는다. 즉 인과응보, 뿌린 대로 거두며 한 치의 오차도 없이 고스란히 스스로에게 돌아온다. 10이라는 숫자가 의미하듯이 한 번의 큰 대변화와 순환을 나타낸다. 오래된 연인은 여덟 번 헤어지고 아홉 번째 다시 만나기도 한다. 악연도 있다는 것을 항상 명심해야 한다. 드라마나 영화의 소재로 자주 등장하는 카드다.

✦ 예상 문제
"이번에 승진할 수 있을까요?"라는 질문의 결과에 운명의 수레바퀴 카드가 나왔다.
올바른 리딩은?
① 안 된다. ② 자신의 차례라면 무난히 된다. ③ 누군가가 가로챈다. ④ 상사에게 로비를 해야 한다.

11. 정의
JUSTICE

✳ 키워드

공평한, 정의로운, 이성적인, 법률적인, 소송, 합리적인, 매우 현실적인, 저울질, 정확한,
완벽한

사랑	돈	사업	승진	취업	매매	이동	합격	관재	건강
중	중	중	중	중	중	중	중	중	중

정의의 여신이 한 손에는 저울을, 다른 한 손에는 칼을 들고 두 기둥 사이에 앉아 있다. 권위와 힘을 상징하는 빨간색 옷을 입고 왕관을 쓰고 있다. 보라색 휘장은 보이지 않는 근원적인 힘을 의미한다.

실전 상담

◆ 연애 운 : 이 사람과 사귀려면 똑똑하고 현실적이며 판단력이 좋아야 한다. 냉정하고 따지기를 좋아하며 빈틈이 없다. 어떻게 보면 피곤한 스타일이다. 연애 운을 물어볼 때 이 카드가 나오면 대부분 실패한다.

◆ 사업 운 : 법률과 관련된 일이나 세무 쪽의 전문직이 좋다.

◆ 재물 운 : 재물을 빈틈없이 철저하게 관리한다.

◆ 건강 운 : 건강은 신경계통을 조심해야 한다. 완벽주의자 성향으로 정신과 쪽도 살펴야 한다.

◆ 학업 운 : 이과 성향이 강하므로 법률, 금융, 세무, 회계 쪽을 전공하면 좋다.

◆ 승진·합격 운 : 승진, 매매, 합격에서는 자신의 차례라면 무난히 된다.

상담 tip

정의 카드는 관재수에 자주 등장하며 이혼, 유산 소송 등과 관련된 질문에도 많이 나온다. 연애와 관련된 질문에 이 카드가 나오면 정말 피곤하다. 일일이 따지기 좋아하고 현실적이며 계산적이기 때문에 공동 통장을 만들어서 데이트를 하는 경우도 있다. 합리적이고 한 치의 오차도 허락하지 않는 정확한 것을 좋아한다. 머리가 비상하고 똑똑해서 이 사람과 싸워서 이기려고 하면 안 된다.

✳ 예상 문제

정의 카드의 성향으로 틀린 것은?

① 까칠하다.   ② 완벽주의자다.   ③ 계산을 엄청 잘한다.   ④ 마음이 약해서 자주 토라진다.

12. 매달린 남자
THE HANGED MAN

✴ 키워드

희생하는, 고통을 참는, 묶여 있는, 어려운 상황, 힘든 상황, 상황을 지켜보는, 발상의 전환

사랑	돈	사업	승진	취업	매매	이동	합격	관재	건강
하	하	하	하	하	하	하	하	하	하

거꾸로 매달린 남자는 잎이 살아 있는 나무에 발 한쪽을 꼬고 손을 뒤로한 채 묶여 있다. 마치 사형수처럼 보이지만 머리 주변이 밝게 빛나고 있으므로 순교자의 죽음으로 보인다. 스스로 비극적인 죽음을 승화하고 있는 상황이다.

실전 상담

✦ 연애 운 : 새로운 연애를 기다린다면 조금 더 인내가 필요하며 당분간 연애를 할 수 없다. 만약 연애를 하고 있다면 그리 좋은 상황은 아니다.

✦ 사업 운 : 힘들고 어려운 상황이다.

✦ 재물 운 : 몹시 어려운 상황으로 주머니에 있는 잔돈푼까지 탈탈 털린다.

✦ 건강 운 : 건강 상태도 아주 위험하다. 당장 건강검진을 받아야 한다.

✦ 승진·합격 운 : 승진과 합격이 어렵다. 지금은 기회가 아니다.

상담 tip

거꾸로 매달린 남자는 어떠한 상황이 몹시 힘들 때 많이 나온다. 그나마 약간의 긍정적인 부분은 발상의 전환을 통해서 방법을 찾아봐야 한다는 것이다. 때로는 세상을 거꾸로 보면 우연찮게 답이 찾아질 때가 있다. 스스로 희생하는 게 아니라면 모든 결과가 좋지 않다.

✱ 예상 문제

"이번에 외국으로 여행을 계획 중이에요. 가도 좋을까요?"라는 질문의 결과에 매달린 남자 카드가 나왔다. 올바른 리딩은?

① 가도 좋습니다. ② 절대로 가면 안 됩니다. ③ 보호자와 같이 가면 됩니다. ④ 가까운 곳은 좋습니다.

13. 죽음
DEATH

✳ 키워드

죽음, 멈춤, 없어짐, 끝난, 폐업, 도산, 재건축, 건강이 안 좋은, 시한부

사랑	돈	사업	승진	취업	매매	이동	합격	관재	건강
하	하	하	하	하	하	하	하	하	하

죽음의 기사가 장미 문양의 조기를 들고 백마를 타고 나타났다. 왕은 왕관이 벗겨진 채로 죽어 있고, 교황은 죽음을 모면하기 위해 굴욕적인 자세를 취하고 있다. 연약하기만 한 아이와 여인은 너무 힘들어 보인다. 멀리 보이는 태양은 언제쯤 희망을 줄지 아득하다. 두 기둥은 빛과 그림자, 선과 악, 죽음과 삶, 낮과 밤 같이 이중성을 나타낸다.

실전 상담

◆ 연애 운 : 새로운 연애를 묻는다면 당분간 어렵다. 연애 중이라면 곧 헤어진다. 연애 세포가 죽었다.

◆ 사업 운 : 폐업 위기다. 개업은 꿈도 꾸지 말아야 한다.

◆ 재물 운 : 손해가 크고 죽을 만큼 힘들다.

◆ 학업 운 : 학업에 전념할 에너지나 여유가 없다. 공부하기 몹시 힘들다.

◆ 건강 운 : 아주 위험하고 치명적이다. 시한부 판정을 받을 수도 있다.

◆ 승진·합격 운 : 승진과 합격은 꿈도 꾸지 말아야 한다.

상담 tip

아무리 좋게 포장해도 죽음은 죽음이다. 시작이 있으면 끝이 있다. 죽음은 그 누구도 피해갈 수 없다. 그것을 모르는 사람은 없지만 막상 자신에게 닥치면 인정하지 않는다. 실제로 건강을 물어볼 때 암이라든지 시한부 판정을 받는 경우가 많다. 때로는 새로운 희망을 말해주기도 하지만, 상담할 때 가장 어려운 카드 중 하나다.

✳ 예상 문제

1년 운세를 보는데 9월에 죽음 카드가 나왔다. 어떤 결과가 있었을까? (내담자의 피드백)

① 승진을 했다.   ② 친한 지인이 죽었다.   ③ 해외로 여행을 갔다.   ④ 개업을 했다.

14. 절제
TEMPERANCE

✴ 키워드

절제하는, 균형감 있는, 조율하는, 생각하는, 소통하는, 화합하는, 인내하는

사랑	돈	사업	승진	취업	매매	이동	합격	관재	건강
하	하	하	하	하	하	하	하	하	중

천사는 컵의 물을 이 컵에서 저 컵으로 반복하며 옮기고 있다. 천사 옆에는 붓꽃이 피어 있다. 한 쪽 발은 물 안에 있고 다른 쪽 발은 물 밖에 있다. 먼 곳의 산에는 왕관이 빛나고 있다.

실전 상담

◆ 연애 운 : 생각이 지혜롭고 섬세해 관계의 균형을 맞추고 조율을 잘하는 연애를 한다. 단점으로는 생각이 많아 가끔 우유부단하게 보이기도 한다.

◆ 사업 운 : 신중하다 보니 투자를 못 할 때도 있다.

◆ 재물 운 : 잘 관리하지만 큰돈을 만지지는 못 한다.

◆ 학업 운 : 몹시 신중하며 한자리에 오랫동안 앉아서 공부한다.

◆ 승진·합격 운 : 승진, 합격은 어렵다.

상담 tip

균형 감각이 뛰어나고 지혜로운 면모가 있어 어떠한 경우에도 해답을 찾으려고 노력한다. 승진, 취업, 합격을 물어보지만, 절박하지 않을 때 절제 카드가 나온다.

✳ 예상 문제

"일주일 전에 소개팅 받은 남자의 성향은 어떤가요?"라는 질문에 절제 카드가 나왔다.
틀린 것은?

① 신중하다. ② 행동보다는 생각을 많이 하는 것 같다. ③ 아직까지 전화가 없다. ④ 활발한 성격이다.

15. 악마
THE DEVIL

✳ 키워드

중독된, 집착하는, 묶여 있는, 향락적인, 치명적인, 보이지 않는 구속, 누군가가 조종하는,
가스라이팅, 데이트 폭력

사랑	돈	사업	승진	취업	매매	이동	합격	관재	건강
하	하	하	하	하	하	하	하	하	하

악마는 염소의 얼굴과 뿔, 사람의 몸, 박쥐 날개에 독수리 발톱을 가졌다. 한 손으로는 불 망치를 들고, 다른 한 손은 하늘을 향해 들고 있다. 쇠사슬에 묶인 남녀가 어둠 속에 서 있고 목에 묶인 쇠사슬은 느슨해 보인다. 머리 위의 오각형의 별과 다섯 손가락은 악마의 숫자 5를 가리킨다.

실전 상담

◆ 연애 운 : 집착과 중독을 가리키며 빠져나갈 수 없는 굴레다. 새로운 연애의 시작에 악마 카드가 나오면 무척 주의해야 한다. 육체적인 향락과 섹스에만 의존하는 연인 관계도 많다.

◆ 사업 운 : 법적인 문제나 세금 폭탄 같은 불미스러운 일에 연루될 수 있다.

◆ 재물 운 : 빚을 많이 지거나 사금융을 이용해 연체 이자 등으로 힘들어한다.

◆ 건강 운 : 치명적이다. 암, 불치병, 갑작스러운 장애가 온다.

◆ 학업 운 : 공부하지 않는다. 학교 폭력, 성폭행, 가스라이팅 등을 조심해야 한다.

◆ 승진·합격 운 : 승진, 합격은 어려우며 할 수 없다. 알게 모르게 내미는 검은 손의 유혹을 조심해야 한다.

상담 tip

악마 카드는 집착, 욕망, 환락, 중독, 쾌락, 불법적인 것들과 특히 관련이 깊다. 법적 구속이나 교도소에 수감될 수도 있다. 대부업, 성인 용품, 불법 성인 오락실, 성매매, 흥신소, 장기 매매 등 평범하기 어려운 사업에 손을 댄다. 악마 성향을 가진 사람이 주변에 있으면 인생이 고통이다. 맞으면서 평생 같이 사는 부부도 이 카드가 많이 나온다. 재혼 가정에 악마 카드가 나오면 새아빠나 새엄마를 의심해 봐야 한다.

✶ 예상 문제

"학교 폭력에 시달리는 아이입니다. 현재 학교생활이 어떤가요?"라는 질문에 악마 카드가 나왔다. 틀린 것은?

① 죽고 싶을 정도로 힘들다. ② 매일매일 돈을 뺏긴다. ③ 성폭행을 당하고 있다. ④ 잘 지내고 있다.

16. 탑
THE TOWER

✴ 키워드

파괴, 단절, 무너짐, 천재지변, 절망적인, 사고가 난, 충돌하는, 외부의 갑작스런 변화, 이별

사랑	돈	사업	승진	취업	매매	이동	합격	관재	건강
하	하	하	하	하	하	하	하	하	하

탑에서 두 남녀가 뛰어내리는 동시에 천둥과 번개가 치면서 불꽃이 사방으로 날린다. 순식간에 탑이 부서지고 불에 타고 있다. 탑 꼭대기의 왕관도 번개에 맞아 떨어져 나간다.

실전 상담

◆ 연애 운 : 갑작스러운 상황으로 헤어질 수 있다. 장거리 연애라면 액땜으로 치고 넘어갈 수도 있 지만 대부분은 헤어지며 새로운 연애도 어렵다.

◆ 사업 운 : 부도나 파산이다. 야반도주하기 바쁘다.

◆ 재물 운 : 갑자기 큰 지출이 발생하거나 재물이 사라진다. 투자한 것이 깡통으로 변할 때도 이 카드가 나온다.

◆ 건강 운 : 사고를 조심해야 한다.

◆ 학업 운 : 갑자기 여러 가지 상황이 복잡해지면서 조용히 공부할 수 없는 환경이 된다.

◆ 승진·합격 운 : 승진, 합격은 할 수 없다.

상담 tip

무너지는 탑 카드는 갑자기 벌어지는 일이다. 마른하늘에 날벼락 같은 천재지변이다. 어느 날 갑 자기 한순간에 모든 게 바뀌어버린다. 세상을 살다 보면 이런 일도 있는가 싶다. 연애에서 가장 좋은 방법은 장거리 연애지만, 그것 또한 힘들기는 마찬가지다. 30년 동안 운영하던 갈빗집이나 설렁탕집이 갑자기 장사가 안 되면 폐업하는 것이 아니라, 이벤트를 하거나 인테리어라도 바꿔봐 야 한다.

✱ 예상 문제

"이번 여름에 남자친구가 생길까요?"라는 질문의 결과에 탑 카드가 나왔다. 올바른 리딩은?
① 생기지 않는다.　② 과거에 사귀었던 남자를 다시 만난다.　③ 8월에 만난다.　④ 연하를 만난다.

17. 별
THE STAR

✳ 키워드

아름다운, 반짝반짝 빛나는, 희망적인, 낙천적인, 긍정적인, 이상형, 사랑, 믿을 수 있는,
영감이 있는

사랑	돈	사업	승진	취업	매매	이동	합격	관재	건강
상	중	상	상	상	상	상	상	상	상

아름다운 여인이 푸르고 윤기 나는 땅 위의 연못에 두 항아리에 있는 물을 쏟고 있다. 하늘에 반짝이는 8개의 별과 발아래 넉넉한 물은 모두 여성성을 상징한다. 옷을 입지 않은 나체임에도 불구하고 퇴폐적이기보다 순수하고 아름답게 보인다.

실전 상담

◆ 연애 운 : 스킨십과 소통이 잘 되며 외적으로도 아름다운 커플이거나, 매우 아름다운 상대다. 새로운 연애를 시작하면 진도가 매우 잘 나간다.

◆ 사업 운 : 돈도 잘 벌고 화려한 사업체를 운영한다.

◆ 재물 운 : 재물은 많이 벌어서 많이 쓴다.

◆ 학업 운 : 특히 예체능 계열이나 예술, 방송, 문화 계통이 잘 맞는다.

◆ 승진·합격 운 : 승진, 합격은 할 수 있다.

상담 tip

스타나 연예인에게서 가장 많이 나오는 카드다. 연예인 지망생이 이 카드를 뽑으면 99퍼센트 데뷔하거나 대박을 터트린다. 특히 카메라를 비추면 더욱 아름답게 빛난다. 직관이 뛰어나며 감각적이고 육감적인 성향의 인물로, 남녀 불문하고 날씬하고 팔등신의 몸매를 가지고 있다. 사업은 화려하고 멋있게 보여지는 업종을 하려고 한다. 남들에게 보여지는 모습에 신경을 많이 쓰고, 뛰어난 예술적 감각을 가지고 있다.

✳ 예상 문제

"영화 촬영에 들어갑니다. 이번에 대박이 날까요?"라는 질문의 결과에 별 카드가 나왔다. 올바른 리딩은?

① 실속이 없다.   ② 천만 관객이 들어온다.   ③ 주연급이 빈약하다.   ④ 영화 촬영을 할 수 없다.

18. 달
THE MOON

✷ 키워드

생각하는, 갈등하는, 불안한, 의심스러운, 고민하는, 투잡, 길이 보이지 않는,
장거리 연애, 바람피우는

사랑	돈	사업	승진	취업	매매	이동	합격	관재	건강
하	하	하	하	하	하	하	하	하	하

보름달과 하현달이 같이 떠 있고, 달 안에는 고민하는 여자의 얼굴이 있다. 달 아래 15개의 불꽃이 보이고 양쪽으로 두 탑이 있다. 늑대와 개가 달을 보고, 짖고 가재는 물 위의 길을 향해 나오고 있다. 길은 저 멀리 산까지 이어진다.

실전 상담

◆ 연애 운 : 양다리, 갈등하는 연애, 불륜에 많이 등장하는 카드다. 새로운 연애의 시작은 어렵다.

◆ 사업 운 : 어정쩡한 두 가지 사업을 두고 고민한다. 원하는 대로 진행되지 않고 애매한 상황이다.

◆ 재물 운 : 들어온 재물이 없다.

◆ 학업 운 : 학업이 잘 되지 않는다.

◆ 승진·합격 운 : 승진, 합격은 할 수 없다.

상담 tip

달 카드는 생각과 관련이 있으며 여성성이 매우 강한 카드다. 고민하고, 갈등하고, 생각하고, 답이 보이지 않는 많은 문제들을 해결하지 못 하고 있는 상황이다. 생각을 심플하게 할 필요가 있다. 복잡한 상황을 정리해야 하지만 뜻대로 되지 않고, 계속 같은 생각만 되풀이하면서 시간을 보낸다.

✱ 예상 문제

달 카드의 키워드로 틀린 것은?

① 고민한다.　② 또 다른 남자가 있다.　③ 돈이 굉장히 많다.　④ 밤에 또 다른 알바를 하고 있다.

19. 태양
THE SUN

✳ 키워드

밝은, 좋은 기운, 활력 있는, 긍정적인, 행복한, 성공적인, 목표를 달성한, 연하의 남자, 득남

사랑	돈	사업	승진	취업	매매	이동	합격	관재	건강
상	상	상	상	상	상	상	상	상	상

밝은 기운의 태양이 강하게 빛나고 있다. 그 아래 백마를 탄 어린아이는 벌거벗은 모습으로 해맑은 표정을 지으며 큰 붉은 깃발을 손에 쥐고 있다. 등 뒤에 있는 담장 위에는 네 송이의 해바라기가 피었고, 아이의 머리에도 해바라기가 잔뜩 피어 있다.

실전 상담

- ◆ 연애 운 : 매우 밝고 좋은 기운이다. 새로운 연애를 시작할 수 있고, 현재 진행 중인 연애도 매우 좋다. 연하의 남자를 사귈 수도 있다.
- ◆ 사업 운 : 앞으로 더 번창한다. 물 들어올 때 노를 저어야 한다.
- ◆ 재물 운 : 매우 좋다.
- ◆ 학업 운 : 공부가 매우 잘된다.
- ◆ 승진·합격 운 : 승진, 합격이 가능하다.

상담 tip

메이저 카드 22장 가운데 가장 밝은 기운의 카드다. 확신과 긍정의 에너지가 매우 강하여 이런 운이 들어올 때는 모든 것이 잘 풀린다. 가끔 오랫동안 아이가 없는 부부가 찾아오는 경우가 있는데 태양 카드가 나오면 임신이 가능하다. 간혹 어린아이가 큰 깃발을 들고 있어서 부정적으로 해석하기도 하는데 큰 오산이다. 태양의 강한 기운을 보지 못하고 일부분만 보는 견해이니 잘못 판단하면 답이 이상하게 나온다. 그러니 주의해야 한다.

✳ 예상 문제

태양 카드의 키워드로 알맞은 것은?

① 허무맹랑하다.　② 과대망상이다.　③ 좋은 기운이다.　④ 건강을 조심해야 한다.

20. 심판
JUDGEMENT

✳ 키워드

심판하는, 새로운 소식, 다시 시작, 갱신, 재회, 보상을 받는, 부활, 리마인드

사랑	돈	사업	승진	취업	매매	이동	합격	관재	건강
상	상	상	상	상	상	상	상	상	상

예언의 천사 가브리엘이 나팔을 불고 있다. 그 아래 관에서 나온 여러 명의 사람이 무엇인가의 응답을 기다리고 있는 듯하다. 최후의 심판은 기독교적인 성향이 강하다. 그래서 나팔에 묶여 있는 깃발도 십자가다.

실전 상담

✦ 연애 운 : 새로운 인연의 시작과 리마인드를 의미하고, 안 좋았다가 다시 좋아진다.
✦ 사업 운 : 좋은 소식이 오고 부활한다.
✦ 재물 운 : 좋다.
✦ 학업 운 : 반가운 소식을 들을 수 있고 성적이 오른다.
✦ 승진·합격 운 : 승진, 합격을 할 수 있다.

상담 tip

심판 카드는 인과응보의 성격이 강하며 자신의 행동에 대한 응당한 대가를 얻는다. 인생을 성실하고 진실하게 살아야 한다. 엉뚱한 일을 저질러놓고 좋은 결과를 바라는 경우가 많지만 세상일은 그렇지 않다. 때로 타로는 냉정하게 답을 주며 한 치의 오차도 없다. 그럴 때마다 무섭다는 생각이 든다. 인생에서는 여러 번의 기회가 오며 그것을 알아차리는 사람만이 지혜로운 삶을 산다.

✳ 예상 문제
심판 카드의 리딩으로 틀린 것은?
① 연애 운이 좋다. ② 취업을 할 수 있다. ③ 입시에 떨어진다. ④ 사업이 다시 번창한다.

21. 세계
THE WORLD

✴ 키워드

완성한, 해외의, 전 지구적인, 통합한, 튼튼한, 완전한 만족, 나만의 세계

사랑	돈	사업	승진	취업	매매	이동	합격	관재	건강
상	상	상	상	상	상	상	상	상	상

나체의 여인이 보라색 천을 휘감고 뫼비우스의 띠로 묶인 큰 월계관 안에 있다. 사방에는 천사, 독수리, 황소, 사자가 있으며 여인의 양손에는 봉을 들고 있다.

실전 상담

+ 연애 운 : 완전한 사랑, 완성된 사랑, 결혼에 성공한 사랑을 의미한다. 새로운 인연을 만날 수 있다.
+ 사업 운 : 사업체가 튼튼하므로 문제없다.
+ 재물 운 : 부유하다.
+ 학업 운 : 외교관, 스튜어디스, 통역관, 가이드 등 해외와 관련된 일이나 진로를 선택하면 좋다.
+ 승진·합격 운 : 승진, 합격을 할 수 있다.

상담 tip

세계 카드는 해외와 관련된 질문에는 무조건 나온다. 국제 연애와 국제결혼도 할 수 있고, 직업도 전 세계적으로 구해야 한다. 가끔 연애 운에서 세계 카드의 여인이 섹시하기 때문에 스킨십이 잘 이루어질 것 같지만, 결정적으로 감추어놓았기 때문에 둘만이 아는 섹스리스가 있다.

＊예상 문제

세계 카드의 키워드로 틀린 것은?
① 프랑스인 남자 친구가 있다.　② 비행기 기장이다.　③ 스튜어디스를 지망한다.　④ 돈이 없다.

제3부
마이너 카드의 구성

마이너 카드의 구성

✳ 마이너 카드의 구성

* 4가지 기물 – 동전, 컵, 지팡이, 검
* 숫자 카드 10장과 코트 카드 4장으로 구성
* 각 기물의 14장 카드로 총 56장

✳ 마이너 카드의 특성 분석

4슈트	동전	컵	지팡이	검
4계급	상인	성직자, 관료	노동자, 농민	군인, 수공업자
4원소	흙	물	불	공기
성별 기질	여성적	여성적	남성적	남성적
정서적 기질	이성적	감정적	감정적	이성적
이원적, 사회적 기질	물질적, 계산적	정신적, 관용적	정신적, 모험적	물질적, 논리적
추구하는 가치	안정	이해	도전	원칙

✦ 수비학(1~10)

숫자	숫자 활용	기타 의미
1	탄생, 시작	신, 남자
2	분리, 결합, 이중성	여자, 이중성
3	기초, 안정	정신, 남성적
4	질서, 통제	육체, 여성적
5	변화, 진보	팽창, 파괴
6	통합, 재편	재정립
7	조화, 균형	정도, 중용
8	유지, 영속	힘
9	종말, 이상	득도, 승화
10	대변화, 새 시작	순환

제4부

마이너 카드
동전

동전 에이스
ACE of PENTACLES

✴ 키워드

새로운 시작, 행운, 돈, 첫 월급, 경제적 능력

사랑	돈	사업	승진	취업	매매	이동	합격	관재	건강
상	상	상	상	상	상	상	상	상	상

회화적 설명

구름 속에서 나온 손이 큰 동전 하나를 잡고 있다. 그 아래에는 긴 길과 연결된 울타리가 있으며 저 멀리 산이 보인다. 평화로운 땅 위에는 아름다운 꽃이 피어 있다.

실전 상담

◆ 연애 운 : 새로운 사랑의 시작을 의미한다. 경제적으로 풍요로운 상대다.

◆ 사업 운 : 매우 좋다. 새로운 기회를 잡아서 더 번창할 수도 있다.

◆ 재물 운 : 부유하다.

◆ 학업 운 : 장학금을 받을 수 있다. 공부도 잘된다.

◆ 승진·합격 운 : 승진, 합격을 할 수 있다.

상담 tip

갑자기 자신의 손 위에 놓인 많은 돈을 의미하기도 한다. 나에게 다가오는 여러 가지 행운이다. 승진, 취업, 대학 입시 등과 관련된 질문에 나오면 가장 좋다.

✳ 예상 문제

동전 에이스의 키워드로 틀린 것은?

① 시험에 합격한다.   ② 소개팅 받는 남자와 잘된다.   ③ 유학을 갈 수 있다.   ④ 무직이다.

동전 2

✳ 키워드

균형, 저울질, 양다리, 투잡, 적은 돈, 때가 되지 않은

사랑	돈	사업	승진	취업	매매	이동	합격	관재	건강
하	하	하	하	하	하	하	하	하	하

광대로 보이는 남자가 2개의 동전으로 저글링을 하는 모습이다. 뫼비우스의 띠로 연결되어 있으며 오랫동안 지속된 일이다. 남자의 뒤로는 파도가 점점 거세지고 배 두 척이 파도 위에서 일렁이고 있다.

실전 상담

✦ 연애 운 : 장거리 연애 중이거나 양다리 연애 중일 수 있다. 새로운 연애를 시작하기에는 시기가 좋지 않다.

✦ 사업 운 : 운이 좋지 않다. 시기를 더 두고 봐야 한다.

✦ 재물 운 : 돈이 없다. 적은 양의 돈을 불려 보려고 노력 중이다.

✦ 학업 운 : 하나에 집중하지 못한다.

✦ 승진·합격 운 : 승진, 합격은 할 수 없다.

상담 tip

수비학에서 2는 이중성을 의미한다. 두 명의 연애 상대, 두 개의 직장 등을 의미하며 동전 2는 절박하지 않는 질문을 할 때 자주 등장한다.

✳ 예상 문제

동전 2의 재물에 관한 질문이다. 알맞은 것은?

① 돈을 많이 만질 수 있다. ② 돈이 적을 것이다. ③ 주식을 하면 돈을 많이 번다. ④ 지금 당장 투자해라.

동전 3

© 1990 U.S. Games Systems, Inc.

✳ 키워드

거의 완성, 협력하는, 토론하는, 숙련된 기술, 장인의 기술, 같은 조직 안에 있는

사랑	돈	사업	승진	취업	매매	이동	합격	관재	건강
하	하	하	하	하	하	하	하	하	하

회화적 설명

장인, 수도사, 설계사 세 명의 사람이 함께 모여 있다. 장인은 일을 하고 있고 두 사람은 도면을 보면서 토론하는 모습이다. 벽의 그림은 아직 완성되지 않아 회색으로 보인다.

실전 상담

◆ 연애 운 : 완성되지 않는 사랑으로 이루어질 수 없다. 새로운 사랑의 시작도 성사되지 않는다.

◆ 사업 운 : 잘 안 된다.

◆ 재물 운 : 돈이 없다.

◆ 학업 운 : 잘 안 된다.

◆ 승진·합격 운 : 승진, 합격을 할 수 없다.

상담 tip

수비학에서 3은 최초의 완성을 나타내지만, 동전 3은 아직 미완성인 채로 앞으로 완성을 시켜야 하는 상황이다. 지금 당장의 질문에서는 모든 답이 부정적이다. 연애의 상대를 묻는다면 같은 학교, 같은 교회, 같은 동호회, 같은 직장에서 상대를 찾으면 된다.

✳ 예상 문제

동전 3의 설명으로 알맞은 것은?

① 학업 운이 매우 좋다. ② 회사에 합격한다. ③ 유산 상속을 받는다. ④ 일이 진행 중이다.

동전 4

✳ 키워드

안정감, 물욕이 강한, 인색한, 돈이 잘 안 나오는, 유산을 독식하는, 세금을 잘 내지 않는,
보수적인

사랑	돈	사업	승진	취업	매매	이동	합격	관재	건강
중	상	상	상	상	상	중	상	상	상

왕관을 쓴 남자가 4개의 동전을 머리, 가슴, 양발에 움켜쥔 채로 딱딱한 돌 의자에 앉아 있다. 뒤에 보이는 집과 성은 남자의 부유함을 나타낸다.

실전 상담

✦ 연애 운 : 연애에 있어서 자신밖에 모르고 인색하며 보수적이고 이해심이 부족하다. 상대에게 최소한의 것만 해준다. 새로운 연애를 시작할 수 있지만 오래가기는 힘들다.

✦ 사업 운 : 잘된다.

✦ 재물 운 : 금전적으로 현재에 만족하며 안정적이다. 자기 것을 잘 지킨다.

✦ 학업 운 : 성적은 안정권이다. 원하는 대학에 들어간다.

✦ 승진·합격 운 : 승진, 합격은 무난하게 가능하다.

상담 tip

들어가지만 나오는 것이 없다. 돈이든 마음이든 인색한 인물이다. 받기도 싫고 주기도 싫은 경우다. 변화나 진보의 성향이 아니라 원칙을 지키고 정해진 대로 하는 성향이 강하다. 규칙적으로 반복되는 생활을 더 좋아한다. 출퇴근 시간이 일정한 직업이 잘 맞다.

✳ 예상 문제

동전 4의 재물에 관한 질문이다. 알맞은 것은?

① 돈을 잘 쓴다. ② 생일 선물로 명품을 사준다. ③ 너무 인색하다. ④ 자주 외식하는 것을 좋아한다.

동전 5

✳ 키워드

가난한, 춥고 배고픈, 최악의 상황, 건강도 나쁜, 고통스러운

사랑	돈	사업	승진	취업	매매	이동	합격	관재	건강
하	하	하	하	하	하	하	하	하	하

눈 내리는 밤에 두 남녀가 차가운 눈길을 함께 걸어가고 있다. 옷차림은 남루하고 신발도 신지 않았다. 설상가상으로 남자는 다리까지 다쳐 목발을 짚고 있다. 두 사람의 바로 옆에는 따뜻한 불빛이 새어 나오는 교회의 창문이 보인다.

실전 상담

◆ 연애 운 : 새로운 사랑의 시작은 어렵다. 현재 연애 중이라면 너무 힘들고 지쳤다. 총체적 난국이지만 헤어지진 않는다. 바로 주위에 도와줄 인연이 있다.

◆ 사업 운 : 사업적으로도 매우 힘들다.

◆ 재물 운 : 너무 가난하다.

◆ 학업 운 : 공부를 할 수가 없다.

◆ 승진·합격 운 : 승진, 합격은 안 된다.

상담 tip

동전 5는 별칭으로 거지 카드라고 부르기도 한다. 춥고, 배고프고, 아프고, 돈도 없고, 집도 없다. 두 사람이 같이 가는 길은 너무 괴롭다. 자존심이 밥과 돈을 주지는 않는다. 적극적으로 주위를 둘러보면 의외로 가까운 곳에서 도와줄 수 있는 사람이 있다. 일단 당장에 닥친 위기는 모면해야 한다.

✳ 예상 문제

동전 5의 리딩으로 틀린 것은?

① 서로 냉랭하다.　② 새로운 연인은 생기지 않는다.　③ 가난한 연인이다.　④ 부모님께 말하면 모른 체한다.

동전 6

나눠주는, 공평하게 주는, 기부하는, 베푸는, 도움을 주는

사랑	돈	사업	승진	취업	매매	이동	합격	관재	건강
중	중	중	중	중	중	중	중	중	중

저울을 들고 서 있는 사람이 아래 두 사람에게 돈을 주는 모습이다. 적선하는 남자는 치우치지 않게 저울에 달아서 공평하게 나누어준다.

실전 상담

◆ 연애 운 : 새로운 사랑의 시작이 가능하다. 무척 만족스러운 것은 아니지만 나름 괜찮은 편이다.

◆ 사업 운 : 소기의 목적은 달성되지만 대박은 아니다.

◆ 재물 운 : 금전이 그런대로 들어온다.

◆ 학업 운 : 중상위 정도는 할 수 있다.

◆ 승진·합격 운 : 승진, 합격은 경쟁률이 높으면 어려울 수 있다. 그렇지 않다면 무난하게 가능하다.

상담 tip

동전 6은 평범하고 무난한 카드로 완전한 대박 카드는 아니다. 동전 6의 리딩을 상담사들이 굉장히 어려워한다. 6이 가진 수비학의 의미를 활용해야 수월하게 상담할 수 있다. 4원소 중에 동전이 가진 땅(地)의 성향도 같이 읽어주어야 한다.

✳ 예상 문제

동전 6의 키워드로 틀린 것은?

① 공평하다. ② 균형감이 있다. ③ 누군가의 도움을 받는다. ④ 돈이 너무 없다.

동전 7

✳ 키워드

성실한, 선한, 노력한, 노력에 대한 보상, 결과에 대한 고민, 생각

사랑	돈	사업	승진	취업	매매	이동	합격	관재	건강
중	중	중	중	중	중	중	중	중	중

농부로 보이는 남자가 자신이 노력한 결과물을 바라본다. 고민하고 생각에 잠겨 있는 모습이다.

실전 상담

✦ 연애 운 : 상대가 잘생긴 외모가 아니고 선하고 인상 좋게 생겼다. 이 상대를 만나면 외모를 많이
   따지는 사람은 연애가 안 된다.

✦ 사업 운 : 평균 이상은 된다.

✦ 재물 운 : 괜찮은 편이며 열심히 노력한 만큼 대가를 얻는다.

✦ 학업 운 : 열심히 공부하지만 상위권은 아니다.

✦ 승진·합격 운 : 승진, 합격은 경쟁자가 많지 않다면 무난하게 가능하다.

상담 tip

동전 7은 노력하는 인물이다. 잘생긴 얼굴은 아니지만 선한 인상의 대표적인 남자(여자)다. 순박
하고 선하게 생긴 스타일을 이상형으로 생각하는 경우도 있지만, 요즘 대세인 아이돌 같은 외모
는 아니다. 그래서 연애에서 이 남자(여자)와는 진도가 잘 나가지 않는다. 이 사람은 믿음직스럽
고 성실하게 노력하기 때문에 배우자보다는 부모들이 더 좋아한다.

✦ 예상 문제

동전 7의 연애 운에 관한 질문이다. 알맞은 것은?

① 이 오빠는 잘생겼다.   ② 바람둥이다.   ③ 착하고 나한테 잘한다.   ④ 다른 여자들에게 인기가 많다.

동전 8

✳ 키워드

장인 정신, 부지런한, 성실히 일하는, 손재주가 좋은, 잘 만드는, 돈을 잘 버는, 일만 하는,
융통성이 없는

사랑	돈	사업	승진	취업	매매	이동	합격	관재	건강
중	상	상	상	상	상	중	상	중	중

기술자로 보이는 남자가 열심히 동전을 조각하여 6개를 매달아놓았으며, 지금도 부지런하게 일하고 있는 중이다. 남자의 뒤로 보이는 집은 꾸준하게 노력해서 마련한 것으로 보인다.

실전 상담

◆ 연애 운 : 연애보다는 일에 더 빠져 있는 사람이다. 새로운 연애를 시작할 수는 있지만, 일과 사랑을 병행하기란 쉽지 않다.

◆ 사업 운 : 기술과 손재주를 이용한 사업이 좋다.

◆ 재물 운 : 성실하게 일해서 부지런히 모은다.

◆ 학업 운 : 성실하게 부지런히 공부한다.

◆ 승진·합격 운 : 승진, 합격이 가능하다.

상담 tip

동전 8은 기술자, 수련공, 마에스트로라 말한다. 자신의 기술로 먹고살며 일하는 만큼 돈이 되므로 열심히 일한다. 융통성이 부족하고 부드럽거나 자상한 면은 없다. 회사에서 이런 성향의 상사를 만나면 일을 잘 배울 수 있는 것은 좋지만 반면에 스트레스를 많이 준다.

✳ 예상 문제

동전 8의 직업에 관한 질문이다. 틀린 것은?

① 수제화를 만드는 사람이다. ② 돈을 잘 번다. ③ 한복 디자이너다. ④ 프리랜서 기자다.

동전 9

✳ 키워드

풍요, 부유함, 성공함, 돈이 많은, 도도한, 고독함, 혼자 즐기는

사랑	돈	사업	승진	취업	매매	이동	합격	관재	건강
중	상	상	상	상	상	상	상	상	상

아름다운 여인이 화려한 옷을 입고 한 손에는 매를 올려놓고 바라본다. 포도 넝쿨이 가득한 풍요로운 정원에는 동전이 주렁주렁 매달려 있다. 울타리 뒤로 보이는 집도 매우 부유해 보인다.

실전 상담

✦ 연애 운 : 자신이 가지고 있는 부와 여유로 연애의 절박함을 느끼지 못한다. 새로운 사랑이 필요하다고 느낄 때 시작할 것이다.

✦ 사업 운 : 성공했으며 현재도 잘되고 있다.

✦ 재물 운 : 넉넉하고 부유하다.

✦ 학업 운 : 학업이 잘된다.

✦ 승진·합격 운 : 승진, 합격이 된다.

상담 tip

동전 9의 당사자는 부유한 재력과 미모를 겸비하고 부러울 것이 없다. 하지만 풍요 속에서 오는 고독감도 있을 것이다. 그래서 취미도 혼자 즐기는 매사냥을 하고 있다. 옷차림은 물론 정원과 포도 넝쿨, 동전 9개가 모두 부유함을 상징한다.

✴ 예상 문제

동전 9의 여자(남자)의 성향으로 알맞은 것은?

① 사랑이 잘 안 된다. ② 겉모습만 화려하다. ③ 재력과 미모를 다 가졌다. ④ 놀고먹는 한량이다.

동전 10

✴ 키워드

행복한 가정, 부유한, 다복한, 결혼, 좋은 가문, 만족한, 안정감, 좋은 결과

사랑	돈	사업	승진	취업	매매	이동	합격	관재	건강
상	상	상	상	상	상	상	상	상	상

좋은 집에서 부부가 행복하게 춤을 추며 아이와 강아지도 함께 있다. 할아버지는 그 모습을 흐뭇하게 바라본다. 집은 화려하고 매우 견고하며 동전 10개가 이 집안의 재력을 보여준다.

실전 상담

◆ 연애 운 : 새로운 사랑을 시작할 수 있다. 돈도 잘 쓰고 여유가 있다. 결혼 상대로도 좋다.

◆ 사업 운 : 매우 좋다. 새로운 사업을 계획해도 좋다.

◆ 재물 운 : 넉넉하고 부유하다.

◆ 학업 운 : 학업이 잘된다.

◆ 승진·합격 운 : 승진, 합격이 된다.

상담 tip

동전 10은 부유하고 화목한 가정이며, 재력과 명예가 모두 있는 가문을 나타내기도 한다. 할아버지가 입고 있는 옷은 가문의 상징 무늬이다. 매매, 승진, 합격과 관련해서 매우 좋다. 가장 좋은 것은 사업 운에서 이 카드가 나오면 많은 재물을 만질 수 있다.

✴ 예상 문제

동전 10의 키워드로 틀린 것은?

① 좋은 집안 ② 좋은 기업체 ③ 돈만 아는 장사치 ④ 좋은 회사에 합격

동전 시종
PAGE of PENTACLES

✳ 키워드

아직 미숙한, 잠재력이 있는, 사회 초년생, 신입생, 학생, 장학금을 탄, 조금의 이익

사랑	돈	사업	승진	취업	매매	이동	합격	관재	건강
중	하	하	하	하	하	하	하	하	상

회화적 설명

동전을 손에 들고 있는 시종이 푸른 대지 위에 붉은 터번과 초록색 옷을 입고 서 있다.

실전 상담

◆ 연애 운 : 연애에 미숙하다. 연하의 남자라면 오히려 괜찮을 수 있다. 새로운 연애의 시작도 어렵다.

◆ 사업 운 : 시기상조이기에 시작하지 않는 것이 좋다.

◆ 재물 운 : 많지 않다.

◆ 학업 운 : 장학금을 목표로 공부하면 받을 수 있다.

◆ 승진·합격 운 : 승진, 합격은 아직은 안 된다.

상담 tip

동전 시종은 코트 카드의 4계급 중 가장 낮은 계급이다. 궁전의 심부름꾼이다. 어리숙하고 서투르기 때문에 자신이 주도해서 하는 일이 아직은 어렵다. 매매, 합격, 승진에 관한 질문의 결과에 시종 카드가 나오면 상담사들이 리딩하기 굉장히 어려워한다. 확률을 40퍼센트 정도로 생각하면 리딩이 쉬워진다.

＊예상 문제

동전 시종의 리딩으로 틀린 것은?
① 신입 사원이다. ② 돈이 많다. ③ 장학금을 받을 수 있다. ④ 매매가 어렵다.

동전 기사
KNIGHT of PENTACLES

✴ 키워드

차분한, 신중한, 정체되어 있는, 기다리는

사랑	돈	사업	승진	취업	매매	이동	합격	관재	건강
중	중	중	중	중	중	하	중	중	중

기사의 손에 동전이 올려져 있다. 동전을 들고 있는 기사는 흑마 위에서 달리지 않고 그 자리에

가만히 멈춰 있다.

실전 상담

◆ 연애 운 : 답답한 정체 상황의 연애다. 새로운 만남을 가져도 진도가 나가지 않고 서두르지 않

는다.

◆ 사업 운 : 현상 유지 중이다. 새로운 사업의 시작은 자꾸 지체된다.

◆ 재물 운 : 평범하다.

◆ 학업 운 : 평균 이상의 안정된 학업 성과다.

◆ 승진·합격 운 : 승진, 합격은 이번에는 지체된다. 경쟁자가 약하면 될 수도 있다.

상담 tip

동전 기사는 이동이나 새로운 것을 시도하려고 할 때는 자꾸 미뤄진다. 이미 좋은 상황이 자신의

손안에 있어서 그럴 수도 있다. 때로는 가만히 지켜보는 것이 지혜로운 방법일 수 있다.

✳ 예상 문제

동전 기사의 리딩으로 틀린 것은?

① 그 자리에 멈춰 있다.　② 이사를 한다.　③ 사업은 현상 유지다.　④ 유학이 지체된다.

동전 여왕
QUEEN of PENTACLES

✳ 키워드

부유한, 헌신적인, 풍요로운, 좋은 자리에 있는, 모성 본능, 임신, 성공한, 연상의 여인,
전문직

사랑	돈	사업	승진	취업	매매	이동	합격	관재	건강
상	상	상	상	상	상	상	상	상	상

여왕은 동전을 두 손에 쥐고 편안한 옷을 입고 있다. 이와는 상반되게 불편해 보이는 딱딱한 대리석 의자에 앉아 있다. 여왕의 주위에는 풍요로운 대지와 아름다운 장미 넝쿨이 보인다. 토끼도 여왕을 두려워하지 않고 풀을 뜯고 있다. 자애롭고 편안해 보이는 엄마처럼 느껴진다.

실전 상담

◆ 연애 운 : 편안하게 잘되는 연애다. 연상의 여인과 모성 본능이 있는 상대를 만난다. 새로운 연애도 안정감을 느끼며 편안하고 풍요롭게 할 수 있다.

◆ 사업 운 : 안정적이며 사업이 잘된다.

◆ 재물 운 : 풍요롭고 부동산도 많다.

◆ 학업 운 : 매우 공부를 잘한다.

◆ 승진·합격 운 : 승진, 합격은 매우 좋다.

상담 tip

동전 여왕은 넉넉하고 풍요롭다. 부드럽고 자애로운 어머니 같은 성격의 소유자다. 이성적이고 논리적인 면도 있다. 부동산과 재산이 많으면 인색하고 편협하기 쉬운데, 동전 여왕은 베풀 줄 아는 덕도 갖추었다.

✴ 예상 문제

동전 여왕의 리딩으로 틀린 것은?

① 카리스마가 있다.　② 자애로운 성향이다.　③ 부유하고 넉넉하다.　④ 재산이 많다.

동전 왕
KING of PENTACLES

✴ 키워드

성공한, 좋은 회사, 좋은 가문, 기업의 사장, 재력가, 나이 차이가 많은, 최고 전문가,
국가 권력

사랑	돈	사업	승진	취업	매매	이동	합격	관재	건강
상	상	상	상	상	상	상	상	상	상

회화적 설명

동전 왕은 부와 풍요를 상징하는 포도 넝쿨이 그려진 옷을 입고 있다. 왕이 들고 있는 봉과 갑옷은 권위와 권력을 상징한다. 권력과 재력을 모두 갖춘 왕이다.

실전 상담

◆ 연애 운 : 부유하고 넉넉한 상대다. 간혹 나이 차이가 많이 나는 경우도 있다. 새로운 연애도 시작할 수 있다.

◆ 사업 운 : 매우 좋다. 대단히 큰 사업체다.

◆ 재물 운 : 풍요롭고 부동산도 많다.

◆ 학업 운 : 매우 성적이 우수하고 좋은 대학에 들어간다.

◆ 승진·합격 운 : 승진, 합격은 매우 좋다.

상담 tip

동전 왕은 재력과 권력을 갖추고 카리스마도 대단한 왕이다. 실전 상담에서 원조 교제나 스폰서를 원하는 사람들이 동전 왕 카드가 나오면 좋아하기도 한다. 도덕적, 윤리적 개념과는 다른 부분이다. 타로 카드는 내담자가 질문하는 내용을 그대로 리딩해야 할 때가 많다. 10대 후반의 내담자가 동전 왕의 인물을 사귄 경우도 여러 번 상담했다.

✳ 예상 문제

동전 왕의 키워드로 틀린 것은?
① 재력가 ② 부드러운 예술가 ③ 정부의 고위 권력가 ④ 대기업 회장

제5부

마이너 카드
컵

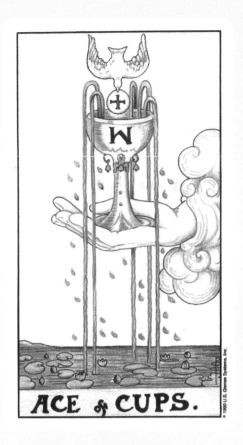

컵 에이스
ACE of CUPS

✳ 키워드

새로운 시작, 감성적인, 여성적인, 임신, 기쁨이 넘치는, 사랑하는, 기회를 잡는

사랑	돈	사업	승진	취업	매매	이동	합격	관재	건강
상	상	상	상	상	상	상	상	상	상

구름 속에서 나온 손안에 감성, 생각, 지식, 수용, 부드러움을 상징하는 컵 에이스가 올려져 있다. 컵에서는 다섯 줄기의 물이 넘쳐흐르고, 비둘기가 부리에 밀떡을 물고 컵 안으로 들어가는 모습이다. 컵에는 W 글자가 새겨져 있고 26개의 물방울이 흩어져 있다. 컵 아래 연못에는 연꽃이 피어 있다.

실전 상담

◆ 연애 운 : 상대를 만나서 연애를 하는 가장 좋은 카드다. 감성적으로 소통하며 연애가 잘되며, 새로운 사랑도 시작할 수 있다. 하지만 임신을 조심해야 한다.

◆ 사업 운 : 새롭게 시작할 수 있다.

◆ 재물 운 : 풍족하지만 관리를 잘해야 한다. 재물이 새는 곳이 있다.

◆ 승진·합격 운 : 승진, 합격은 좋다.

상담 tip

컵 에이스는 새로운 출발을 의미한다. 특히 연애 운을 물어볼 때는 최고의 긍정적인 답을 줄 수 있다. 지팡이 에이스와 같이 나오면 남녀의 속궁합이 매우 발달하고 잘 맞는다.

✳ 예상 문제

컵 에이스의 키워드로 틀린 것은?

① 수용, 관용   ② 여성스러운   ③ 권위적인   ④ 취업을 하는

컵 2

✳ 키워드

약속하는, 언약식, 결혼하는, 매매가 성사되는, 교환하는, 나누는, 파트너, 사랑하는

사랑	돈	사업	승진	취업	매매	이동	합격	관재	건강
상	상	상	상	상	상	상	상	상	상

두 남녀가 각자의 컵을 서로 교환하고 있다. 날개 달린 사자의 얼굴과 뱀이 꼬인 지팡이가 보인다. 그리스 신화에 나오는 헤르메스의 휴대물 케리케이온으로 감정의 교감, 정보 전달, 물건의 교환 등 화합을 상징한다. 두 사람의 뒤편으로는 푸른 언덕과 멋진 집이 보인다.

실전 상담

◆ 연애 운 : 마음이 통하고 소통이 잘되는 연애를 한다. 좋은 상대를 만나 마음을 주고받으면서 잘 사귄다. 새로운 연애도 매우 좋고 관계가 발전해 결혼까지도 생각한다.
◆ 사업 운 : 계약이 잘 성사된다.
◆ 재물 운 : 많은 편은 아니지만 보통 이상은 된다.
◆ 승진·합격 운 : 승진, 합격은 좋다.

상담 tip

컵 2는 결혼을 의미하는 카드 중 하나다. 서로 의견 소통이나 정보 교류를 나타내기도 하다. 좋은 동업자나 파트너를 만날 수 있는 카드다.

✴ 예상 문제
컵 2의 키워드로 틀린 것은?
① 매매   ② 결혼   ③ 정보 교환   ④ 단독으로 하는

컵 3

✳ 키워드

축제, 완성, 회식 자리, 축하하는, 축배를 드는, 즐거운, 진지하지 못한, 삼각관계

사랑	돈	사업	승진	취업	매매	이동	합격	관재	건강
상	상	상	상	상	상	상	상	상	상

세 명의 여인이 아름다운 옷을 입고 흥겹게 춤을 추며 축배를 드는 모습으로 즐거운 분위기다. 여인들의 발아래에는 포도와 호박 등의 풍요를 상징하는 열매가 있다.

실전 상담

◆ 연애 운 : 즐기고 마시고 기분 좋은 연애를 하지만 진지함은 부족하다. 삼각관계를 조심해야 한다. 너무 여흥만 즐기다 보면 상대가 자주 바뀌는 경우도 있다. 새로운 연애는 시작하면 된다.

◆ 사업 운 : 좋은 일이 생긴다. 축배를 들게 될 것이다.

◆ 재물 운 : 좋은 편이다. 하지만 즐기는 것에 소비를 많이 한다.

◆ 승진·합격 운 : 승진, 합격은 좋다.

상담 tip

컵 3은 대표적인 삼각관계 카드다. 오히려 삼각관계를 은근히 즐기는 경우도 있다. 수비학에서 3은 최초의 완성이다. 어떠한 좋은 결과가 자신에게 생길 수 있다. 연애에서 더블데이트는 위험하다.

✳ 예상 문제

컵 3의 키워드로 틀린 것은?
① 축제 ② 삼각관계 ③ 미완성 ④ 유흥이 있는

컵 4

✳ 키워드

태만, 요지부동한, 권태기, 움직임이 없는, 생각하는, 지금에 만족하는, 수동적인

사랑	돈	사업	승진	취업	매매	이동	합격	관재	건강
중	중	중	하	하	하	하	하	하	중

남자가 팔짱을 끼고 나무에 기대어 푸른 언덕 위에 앉아 있다. 앞에는 3개의 컵이 세워져 있으며, 눈앞에 새로운 기회를 나타내는 컵 에이스가 다가온다. 남자는 팔짱을 끼고 그대로 앉아 있다.

실전 상담

◆ 연애 운 : 연애는 권태기로 재미없고 나태하다. 새로운 연애도 별로 관심이 없다.

◆ 사업 운 : 현상 유지만 하려고 한다. 새로운 사업을 시작하거나 꾸려 나갈 수 없다.

◆ 재물 운 : 있는 것으로 만족하려고 한다.

◆ 학업 운 : 학업은 현 상태를 유지한다.

◆ 승진·합격 운 : 승진, 합격은 기회를 잡지 못한다. 의지가 없다.

상담 tip

수비학에서 4는 질서와 안정감을 의미한다. 남자의 입장에서 보면 현재의 질서와 안정감이 편안하고 좋다. 자기 통제 능력이 뛰어난 것이다. 새로운 기회가 좋을 수도 있고, 안 좋을 수도 있기 때문이다. 심리 파악을 할 때는 수비학의 의미를 활용하면 리딩이 쉬워진다.

✳ 예상 문제

컵 4의 키워드로 알맞은 것은?
① 나태함   ② 기회를 잡는   ③ 변화를 맞이하는   ④ 재미있는 연애

컵 5

✴ 키워드

좌절, 암울, 우울함, 슬픔, 쓸쓸함, 상복을 입은, 실망감, 과거에 집착하는, 아픔

사랑	돈	사업	승진	취업	매매	이동	합격	관재	건강
하	하	하	하	하	하	하	하	하	하

남자가 검정색 코트를 입고 머리를 깊숙이 숙인 채 서 있다. 쓸쓸하고 고독하며 슬픔과 절망이 느껴진다. 앞으로는 3개의 컵이 쓰러져 있고 등 뒤로는 2개의 컵이 세워져 있다. 남자의 옆으로는 강물이 흐르며 멀리 다리가 보이고, 강 건너에는 집도 보인다.

실전 상담

✦ 연애 운 : 절망적이며 홀로 쓸쓸하고 외롭다. 새로운 사랑도 시작하기 어렵다.

✦ 사업 운 : 매우 안 좋다. 새로운 창업도 힘들다.

✦ 재물 운 : 없다.

✦ 학업 운 : 공부하기 어렵다.

✦ 승진·합격 운 : 승진, 합격은 안 된다.

상담 tip

수비학에서 5는 변화와 진보를 나타낸다. 때로는 그 변화가 절망으로 다가올 수도 있다. 남자가 상복을 입고 있다고 보는 경우도 있다. 고독하고 외로울 때도 컵 5 카드가 많이 나온다.

✳ 예상 문제

컵 5의 키워드로 틀린 것은?
① 우울함 ② 새로운 도전 ③ 슬픔 ④ 과거를 생각함

컵 6

✳ 키워드

순수한, 동심, 추억을 그리워하는, 어릴 적 추억, 과거 회상

사랑	돈	사업	승진	취업	매매	이동	합격	관재	건강
중	중	중	중	중	중	중	중	중	상

어린아이 두 명이 꽃이 담긴 화분을 바라보며 즐겁게 놀고 있다. 4개의 컵 화분이 두 사람 앞에 세워져 있다. 좋은 집이 있는 마당에서 행복한 모습이다.

실전 상담

✦ 연애 운 : 좋았던 추억을 회상하면서 아름다운 사랑을 한다. 새로운 연애는 과거에 만났던 사람이나 어렸을 때부터 알고 지내던 사람이 들어온다.

✦ 사업 운 : 보통이다.

✦ 재물 운 : 보통이다.

✦ 학업 운 : 보통이다.

✦ 승진·합격 운 : 승진, 합격은 경쟁자가 많지 않으면 무난하게 가능하다.

상담 tip

컵 6은 어릴 적에 행복했던 순간이다. 수비학에서 6은 통합과 재편을 의미한다. 3과 3이 합쳐져 마음을 교류하고 통합을 이룬 것이다. 상담사들이 컵 6의 리딩을 어려워한다. 통합과 어릴 적의 추억이 핵심 키워드다.

✳ 예상 문제

컵 6의 연애 운에 관한 리딩으로 알맞은 것은?

① 초등학교 동창과 연애 중이다. ② 남자 친구와 헤어진다. ③ 슬픈 연애를 한다. ④ 소통이 잘 안 된다.

컵 7

✳ 키워드

혼란스러운, 뜬구름을 잡는 듯한, 현실성이 없는, 계획이 황당한, 환상에 사로잡힌,
실속이 없는

사랑	돈	사업	승진	취업	매매	이동	합격	관재	건강
하	하	하	하	하	하	하	하	하	하

검은 모습의 사람이 구름 속의 7개 컵을 보고 있다. 7개의 컵 안에는 사람 얼굴, 하얀 베일을 쓴 사람, 뱀, 높은 탑, 보석, 월계관, 용이 있다.

실전 상담

◆ 연애 운 : 새로운 연애를 할 수 없다. 현재 연애 중이라면 하루라도 빨리 헤어지는 것이 좋다.

◆ 사업 운 : 절대 사업하면 안 된다. 평생 고생한다.

◆ 재물 운 : 복권, 주식, 경마 등에 손을 대지만 잘 안 된다.

◆ 학업 운 : 공부하지 않고 허황된 생각만 한다.

◆ 승진·합격 운 : 승진, 합격은 어렵다.

상담 tip

컵 7은 뜬구름 잡는 사람이다. 현실성이 없으며 정직하거나 성실한 사람은 아니다. 복권만 되면, 10억만 생기면, 이런 식의 말을 입에 달고 산다. 100만 원도 못 벌면서 몇 억짜리 아파트를 꿈꾼다. 이런 사람과 연애나 결혼을 해서 살고 있으면 인생이 피곤하다.

✳ 예상 문제

컵 7의 리딩으로 틀린 것은?

① 뜬구름 잡는다. ② 복권을 잘 산다. ③ 빈털터리다. ④ 성실하게 직장 생활을 한다.

컵 8

✴ 키워드

중도에 포기하는, 애착을 놓아버린, 스스로 포기하는, 희생하는, 정리, 휴식, 은둔

사랑	돈	사업	승진	취업	매매	이동	합격	관재	건강
하	하	하	하	하	하	상	하	하	중

한 남자가 지팡이를 짚고 달이 떠 있는 밤에 어딘가를 향해 가고 있다. 남자의 앞쪽으로는 산이 보이고, 등 뒤로는 8개의 컵이 세워져 있다.

◆ 연애 운 : 좋지 않다. 포기하고 떠난다. 새로운 사랑도 할 수 없다.
◆ 사업 운 : 스스로 중도 포기한다.
◆ 재물 운 : 스스로 취하지 않는다.
◆ 학업 운 : 공부하지 않으며 마음이 다른 곳에 가 있다.
◆ 승진·합격 운 : 승진, 합격은 스스로가 도전하지 않는다.

컵 8은 야반도주 카드라고도 한다. 세워져 있는 8개의 컵은 현재 상황이 나쁘지 않음을 의미한다. 하지만 어떠한 상황이 모든 것을 포기하고 이동하게 만드는 것이다. 좋은 대하에 합격했지만 유학을 떠나는 상황이거나, 연인과의 관계가 나쁘지 않지만 군대를 가는 경우도 이에 해당된다. 현재 사업도 성황 중이지만 부모를 모시기 위해 사업을 정리하는 경우도 비슷하다. 수비학에서 8은 희생을 의미하는 모성 본능과 관련이 깊다.

✳ 예상 문제
컵 8의 리딩으로 알맞은 것은?
① 희생하여 떠난다. ② 몸이 아프다. ③ 사업을 시작한다. ④ 승진 시험에 합격한다.

컵 9

✷ 키워드

매우 만족한, 부자인, 풍요로운, 성공한, 고급스러운, 비만, 듬직한 남자, 이해심이 있는

사랑	돈	사업	승진	취업	매매	이동	합격	관재	건강
상	상	상	상	상	상	상	상	상	상

회화적 설명

한 남자가 팔짱을 끼고 정면을 바라보며 의자에 앉아 있다. 남자의 뒤에는 9개의 컵이 보기 좋게 세워져 있다. 표정에서 여유와 흐뭇함이 느껴진다. 살집이 좀 있는 풍만한 몸매의 소유자로 보인다.

실전 상담

✦ 연애 운 : 이해하고 배려한다. 새로운 사랑도 시작할 수 있다.

✦ 사업 운 : 좋다.

✦ 재물 운 : 만족할 만한 재물을 가지고 있다.

✦ 승진·합격 운 : 승진, 합격을 할 수 있다.

상담 tip

컵 9는 많은 것을 가진 사람의 여유를 보여준다. 수비학에서 9는 종말과 이상을 나타낸다. 컵 9는 자신이 추구하는 이상과 일치된다고 보면 된다. 마음의 만족, 평화, 행복감을 느끼는 상황이다. 이 카드가 가끔은 자신의 것을 뺏기지 않으려고 하는 걸로 보이기도 한다. 통통하고 살집이 있는 상대로 만화 속 주인공 곰돌이 푸 같은 인상이라고 생각하면 된다.

✴ 예상 문제

컵 9의 키워드로 틀린 것은?
① 여유 ② 많은 재력 ③ 이해와 배려 ④ 욕심꾸러기

컵 10

✳ 키워드

행복한, 사랑이 가득한, 가족적인, 결혼, 전원생활

사랑	돈	사업	승진	취업	매매	이동	합격	관재	건강
상	상	상	상	상	상	상	상	상	상

한 가족의 행복한 모습이다. 두 부부의 뒷모습이 만족스러워 보이고, 아이들은 춤을 추면서 뛰어 놀고 있다. 아름다운 강이 흐르고 언덕 위에는 가족의 멋진 집이 보인다. 하늘에 뜬 무지개에는 10개의 컵이 올려져 있다.

실전 상담

◆ 연애 운 : 매우 행복하고 만족하는 연애다. 행복한 가정을 이룰 것을 꿈꾸면서 연애한다. 새로운 연애 운도 좋다.

◆ 사업 운 : 사업도 잘되고 안정적이다.

◆ 재물 운 : 가족이 풍족하게 쓸 만큼의 재물이 있다.

◆ 승진·합격 운 : 승진, 합격을 할 수 있다.

상담 tip

컵 10은 모든 것이 행복하고 편안한 카드로 어떠한 질문을 해도 좋은 답을 줄 수 있다. 무지개를 '환상에 사로잡혀'라는 의미로 리딩하면 안 된다. 수비학에서 10은 완성과 동시에 새로운 시작을 나타낸다.

✴ 예상 문제
컵 10의 키워드로 틀린 것은?
① 행복 ② 결혼 ③ 전원생활 ④ 불합격

컵 시종
PAGE of CUPS

✴ 키워드

미숙함, 아직 어리숙함, 감성적인, 여성적인, 예술적인, 아름다운, 화려한,
성적 표현을 잘하는

사랑	돈	사업	승진	취업	매매	이동	합격	관재	건강
상	하	하	하	하	하	중	하	하	상

회화적 설명

시종은 화려하고 아름다운 옷을 입고 서서 물고기가 들어 있는 컵을 바라본다. 발아래에는 물이 흐르는 바다가 보인다. 옷차림과 얼굴 생김이 매우 아름답고 예술적인 감각이 돋보인다.

실전 상담

◆ 연애 운 : 감성적이며 자신의 마음을 잘 표현하고 스킨십을 좋아한다. 연하의 남자일 때 많이 나온다. 새로운 사랑을 시작할 수 있다. 임신을 조심해야 한다.

◆ 사업 운 : 아직 준비가 미흡하다.

◆ 재물 운 : 아르바이트를 해서 돈은 벌 수 있다.

◆ 학업 운 : 예체능이나 연예인 쪽으로 가면 좋다.

◆ 승진·합격 운 : 승진, 합격은 어렵다.

상담 tip

컵 시종은 아이돌이나 아역 배우 카드다. 외모도 곱상하고 매우 호감이 가는 생김새다. 물고기가 들어 있는 컵을 조심해야 한다. 어릴 때부터 이성을 밝히면 역효과로 임신이 잘 될 수도 있고, 스킨십을 좋아하므로 임신 확률이 굉장히 높다. 카드의 주인공이 나이가 많고 돈 많은 사모님을 좋아하면 인생이 꼬이기 시작한다.

✦ 예상 문제

컵 시종의 리딩으로 틀린 것은?

① 호감이 가는 외모다. ② 예술적 감각이 뛰어나다. ③ 여성성이 풍부하다. ④ 계산적이고 논리적이다.

컵 기사
KNIGHT of CUPS

✳ 키워드

제안하는, 예술적 감각이 있는, 기회를 주는, 로맨틱한, 프러포즈, 지체되는

사랑	돈	사업	승진	취업	매매	이동	합격	관재	건강
중	중	중	중	중	중	하	중	중	중

회화적 설명

기사는 화려한 물고기가 그려져 있는 옷을 입고 있다. 한 손에 컵을 들고 제안하러 가는 모습이다. 백마는 앞으로 천천히 나가고 있다. 기사의 앞에는 강물이 흐르고 멀리 산이 보인다.

실전 상담

◆ 연애 운 : 프러포즈의 연애 운이다. 제안을 잘한다. 감수성이 풍부하며 다정다감한 성향이다. 서두르지 않기에 새로운 사랑은 지체된다.

◆ 사업 운 : 누군가에게 제안을 하거나, 제안을 받을 수 있다.

◆ 재물 운 : 평균 이상은 된다.

◆ 학업 운 : 좋다.

◆ 승진·합격 운 : 승진, 합격은 지체된다. 경쟁자가 약하면 될 수도 있다.

상담 tip

컵 기사는 로맨틱한 기사다. 손에 들고 있는 컵과 물고기 모양의 옷, 그리고 기사 앞에 흐르는 물은 모두 여성성을 나타낸다. 부드러우면서도 자상하고 기사도 정신을 발휘하는 매너 있는 남자다. 성격이 급한 상대가 보면 조금 답답할 수도 있지만, 모든 것은 때가 있는 법이니 이 사람을 믿고 기다리면 된다.

✳ 예상 문제

컵 기사의 연애 운에 관한 리딩으로 틀린 것은?

① 저돌적이다.　② 로맨틱하다.　③ 자상하고 잘생겼다.　④ 옷을 잘 입고 깔끔하며 매너가 좋다.

컵 여왕
QUEEN of CUPS

✴ 키워드

성공한, 자애로운, 감수성이 예민한, 예지력이 있는, 교양 있는, 풍요로운

사랑	돈	사업	승진	취업	매매	이동	합격	관재	건강
상	상	상	상	상	상	상	상	상	상

여왕은 뚜껑이 덮인 커다란 컵을 들고 큰 권좌에 앉아 있다. 여왕이 있는 곳은 외딴섬처럼 보이고, 저 멀리에 육지가 보인다. 의자에는 반은 사람이고 반은 물고기 모양이 조각되어 있다. 여왕의 표정은 그리 밝아 보이지 않는다. 여왕의 발 앞에는 물이 흐른다.

실전 상담

✦ 연애 운 : 사랑하고 사랑받는다.

✦ 사업 운 : 매우 잘된다.

✦ 재물 운 : 풍족하고 넉넉하다.

✦ 학업 운 : 매우 공부를 잘한다.

✦ 승진·합격 운 : 승진, 합격이 된다.

상담 tip

컵 여왕은 많은 것을 가졌고 사랑스럽고 여성스러운 이미지다. 희생, 이해, 배려의 의미를 가진 컵의 특성상 자신의 주장을 강력하게 내세우지 못할 수도 있다. 자신의 성향에 맞지 않는 권력과 자리가 부담스럽다. 그래서 생각이 많아진다.

✳ 예상 문제

컵 여왕의 키워드로 알맞은 것은?

① 풍요로운   ② 카리스마가 있는   ③ 원칙적인   ④ 보수적인

컵 왕
KING of CUPS

✳ 키워드

성공한, 관대한, 여성스러운, 부드러운, 교양 있는, 예술적인, 리더, 풍요로운

사랑	돈	사업	승진	취업	매매	이동	합격	관재	건강
상	상	상	상	상	상	상	상	상	상

회화적 설명

왕은 푸른색 옷 위에 황금색의 망토를 두르고 물 위의 돌로 만든 왕좌에 앉아 있다. 물고기 모양의 목걸이를 하고, 컵과 컵 모양의 홀을 들고 있다.

실전 상담

◆ 연애 운 : 부드럽고 자상한 스타일의 상대와 연애를 한다. 새로운 연애도 가능하다.

◆ 사업 운 : 안정적인 사업체를 가지고 있다. 전문직이 잘 맞다.

◆ 재물 운 : 풍족하고 넉넉하다.

◆ 학업 운 : 좋다.

◆ 승진·합격 운 : 승진, 합격이 된다.

상담 tip

컵 왕은 남성적인 카리스마보다는 여성스럽고 부드러운 성향이다. 친절하고 자상하며 배려심이 많다. 예술적 감각도 뛰어나고 인기가 많다. 자칫하면 바람둥이로 보일 수도 있다. 모든 상대에게 부드럽고 친절하게 대하기 때문이다.

✳ 예상 문제

컵 왕의 키워드로 틀린 것은?
① 풍요로운 ② 우유부단한 ③ 예술적인 ④ 여성스러운

제6부

마이너 카드
지팡이

지팡이 에이스
ACE of WANDS

✳ 키워드

새로운 시작, 기획, 창의력이 뛰어난, 자신감 넘치는, 행동으로 하는, 모험심이 있는, 남성성이 있는

사랑	돈	사업	승진	취업	매매	이동	합격	관재	건강
상	상	상	상	상	상	상	상	상	상

회화적 설명

구름 속에서 나온 손이 큰 지팡이를 잡고 있다. 지팡이에 나 있는 나뭇잎은 생동감을 나타낸다. 그 아래에는 넓은 들과 산, 물이 흐르는 강이 보인다.

실전 상담

◆ 연애 운 : 연애를 시작할 수 있다. 현재 연애 중인 경우에는 속궁합이 좋다. 여자의 경우에 남자를 밝히는 이미지로 보일 수 있다.

◆ 사업 운 : 시작한다. 새롭게 도전하는 일이 생긴다.

◆ 재물 운 : 좋다.

◆ 학업 운 : 새로운 출발을 하고, 공부도 활기가 있어 잘한다.

◆ 승진·합격 운 : 승진, 합격이 된다.

상담 tip

지팡이 에이스는 남성성을 잘 보여주는 카드다. 남근을 상징하는 지팡이 에이스는 성욕이 강한 여자에게서 자주 등장한다. 어떠한 일을 할 때 망설임이 없으며, 행동하고 모험하는 것을 좋아한다. 표현하는 것을 좋아하기 때문에 행동하는 것과 관련이 많다.

✳ 예상 문제

지팡이 에이스에 대한 리딩으로 틀린 것은?

① 연애를 시작한다.　② 행동하는 상대다.　③ 모험을 좋아한다.　④ 신중하고 차분하다.

지팡이 2

새로운 계획, 야망, 목표를 세우는, 또 다른 계획, 자신감 있는, 포부

사랑	돈	사업	승진	취업	매매	이동	합격	관재	건강
중	중	중	하	하	하	상	하	하	상

성의 주인인 남자는 한 손에 지팡이를 잡고 다른 한 손에는 지구본을 들었다. 또 다른 지팡이 하나는 튼튼한 성에 묶여 있다. 저 멀리에는 넓게 펼쳐진 바다가 보이고, 무언가 신중하게 계획을 세우는 모습이다.

실전 상담

◆ 연애 운 : 연애에는 관심이 많지 않다. 상대가 외로움을 느낄 수 있다.

◆ 사업 운 : 새로운 도전을 모색한다. 무역과 관련되거나 국제적인 활동 무대를 꿈꾼다.

◆ 재물 운 : 현재의 재물이나 물질이 있음에도 새로운 투자를 꿈꾼다.

◆ 학업 운 : 보통이다. 유학을 생각하고 있다.

◆ 승진·합격 운 : 승진, 합격은 어렵다.

상담 tip

지팡이 2는 안정성과 불안성을 동시에 가지고 있다. 지팡이의 성향은 도전, 행동, 모험이다. 지팡이 2의 남자는 하나의 지팡이를 여전히 성에 묶어놓고, 다른 도전을 심사숙고하는 모습이다. 이런 성향의 사람과 연애를 하게 되면 외로움을 느낄 수 있다. 일을 많이 하고 사업과 관련해서 계획을 세우느라 연애 쪽으로 생각을 잘 안 한다.

✶ 예상 문제

지팡이 2의 키워드로 알맞은 것은?
① 야망 ② 소심한 ③ 카리스마 ④ 많은 재물

지팡이 3

성공한, 무역, 사업 확장, 장기적인 계획을 세우는, 영업력이 있는

사랑	돈	사업	승진	취업	매매	이동	합격	관재	건강
상	상	상	상	상	상	상	상	상	상

회화적 설명

지팡이 3개가 땅에 흔들림 없이 박혀 있다. 숫자 3은 완성을 의미한다. 사업에 성공한 남자가 멀리 있는 세 척의 배를 보면서 현재 성공의 기쁨과 앞으로의 계획을 세우는 모습이다.

실전 상담

◆ 연애 운 : 성적 능력이 강한 남자를 의미하기도 한다. 새로 시작하는 연애도 좋다.
◆ 사업 운 : 현재도 성공했지만 앞으로도 계속 도전한다.
◆ 재물 운 : 현재 재물은 풍족하다.
◆ 학업 운 : 매우 좋다.
◆ 승진·합격 운 : 승진, 합격이 된다.

상담 tip

지팡이 3은 완성을 나타낸다. 하지만 지팡이는 모험과 행동을 나타내므로, 현재에 안주하지 않고 더 큰일을 시도하며 계속 도전한다. 연애 운에서 지팡이 3이 나오면 남자의 성적 능력이 대단한 것으로 본다. 물론 재물도 넉넉하다.

✳ 예상 문제
지팡이 3의 연애 운에 관한 설명으로 알맞은 것은?
① 성적 능력이 대단하다. ② 상대방을 외롭게 한다. ③ 양다리를 걸친다. ④ 너무 조용해서 재미없다.

지팡이 4

✳ 키워드

결혼, 경사스러운 일, 안정적인, 사랑의 완성, 축제, 기쁨

사랑	돈	사업	승진	취업	매매	이동	합격	관재	건강
상	상	상	상	상	상	상	상	상	상

지팡이가 양쪽으로 2개씩 힘 있고 안정감 있게 세워져 있다. 지팡이 위에는 화관이 아름답게 묶여 있다. 그 사이로 두 남녀가 꽃다발을 흔들며 축하하는 분위기다. 뒤로는 아름답고 큰 성이 보인다.

실전 상담

◆ 연애 운 : 만나는 사람이 있다면 결혼까지 생각하면서 연애한다. 새로운 연애도 가능하다.

◆ 사업 운 : 안정감 있고 경사스러운 일도 있다.

◆ 재물 운 : 재물은 안정적이다.

◆ 학업 운 : 매우 좋다.

◆ 승진·합격 운 : 승진, 합격이 된다.

상담 tip

지팡이 4는 결혼을 의미하는 직접적인 카드다. 축제나 잔치와도 관련 있다. 좋은 일이 많이 생긴다. 수비학에서 4는 견고한 안정감을 의미한다. 두 남녀는 결혼이라는 또 다른 모험을 시작하려 한다.

✴ 예상 문제

지팡이 4의 리딩으로 틀린 것은?

① 기쁘고 즐겁다. ② 결혼 ③ 잔치 ④ 너무 꽉 막혀서 답답하다.

지팡이 5

✳ 키워드

혼란스러운, 얽히고설킨, 꼬인, 시끄러운, 성가신 일, 쓸데없는 경쟁자들, 작은 트러블,
전투, 스포츠를 하는

사랑	돈	사업	승진	취업	매매	이동	합격	관재	건강
하	하	하	하	하	하	하	하	하	하

다섯 명의 사람이 넓은 들판에서 각자 지팡이를 들고 얽혀서 싸우는 모습이다. 격렬하거나 큰 싸움이라기보다 작은 싸움 또는 스포츠를 하는 것 같다.

실전 상담

◆ 연애 운 : 연애에 있어서 괜히 신경 쓰이고, 사소한 싸움이 생긴다. 새로운 연애를 시작하기 어렵다.

◆ 사업 운 : 구설수가 있어 주변이 시끄럽다. 사업체에 트러블 메이커가 있다.

◆ 재물 운 : 어지럽게 꼬여 있는 재정 상태다.

◆ 학업 운 : 집중할 수 없고 산만하다.

◆ 승진·합격 운 : 승진, 합격이 어렵다.

상담 tip

지팡이 5는 전형적인 구설수, 시끄러운 일, 시빗거리가 생기는 카드다. 대단하게 큰일은 아니지만, 사소하게 신경이 쓰이며 안정감이 없다. 정신이 사나워 뭔가에 집중하기 어렵다.

✳ 예상 문제

지팡이 5의 설명으로 알맞은 것은?

① 안과 밖으로 시끄럽다. ② 편안한 상태다. ③ 일이 잘 해결된다. ④ 계획했던 일이 이루어진다.

지팡이 6

✳ 키워드

승리한, 성공한, 좋은 소식, 목적을 달성한, 정복한, 자신감 넘치는, 많은 사람이 따르는,
금의환향

사랑	돈	사업	승진	취업	매매	이동	합격	관재	건강
상	상	상	상	상	상	상	상	상	상

회화적 설명

장수가 승리를 한 후 금의환향을 하는 모습이다. 백마를 타고 월계관을 건 지팡이를 들고 있으며, 주위에는 기뻐하는 많은 사람들이 있다. 비록 여정은 힘들었지만 결과는 매우 좋다.

실전 상담

✦ 연애 운 : 힘든 과정은 있었지만 현재는 매우 좋은 연애 운이다. 새로운 연애도 시작할 수 있다.

✦ 사업 운 : 이번에는 좋은 결과가 있다.

✦ 재물 운 : 과거에는 힘들었지만 현재는 매우 좋다.

✦ 학업 운 : 이번에는 좋은 소식을 들을 수 있다.

✦ 승진·합격 운 : 승진, 합격이 된다.

상담 tip

지팡이 6은 고생 끝에 오는 승리를 의미한다. 강한 의지로 순탄하지 않았던 과정을 극복하고 성과를 얻는다. 월계관이라는 큰 보상과 함께 기쁨에 도취되어 있다. 수비학에서 6은 통합과 재편을 의미한다.

✷ 예상 문제

지팡이 6의 사업 운에 관한 설명으로 알맞은 것은?

① 부도가 날 지경이다.   ② 거래처의 배신이 있었다.   ③ 이번에 엄청난 성공을 했다.   ④ 현상 유지 중이다.

지팡이 7

방어하는, 장애물이 있는, 쉽지 않은 상황, 굴복하지 않는, 의지가 강한, 비장한 각오

사랑	돈	사업	승진	취업	매매	이동	합격	관재	건강
중	중	중	상	상	상	상	상	중	중

회화적 설명

남자의 눈앞에는 6개의 지팡이가 있다. 자신이 가진 하나의 지팡이로 막아내는 모습이다. 힘든 상황이지만 의지가 대단히 강해 보인다.

실전 상담

◆ 연애 운 : 연애를 할 때 여러 가지 장애물이 있다. 하지만 의지가 강해 잘 견딘다. 새로운 연애를 시작하기에는 현재 상황이 힘들고 버겁다.

◆ 사업 운 : 현재 여러 조건들이 좋지 않다.

◆ 재물 운 : 현상 유지하기에 급급하다. 모두 순탄하지 않지만 잘 버티고 극복한다.

◆ 학업 운 : 공부하기에 좋지 않은 상황이지만, 자신의 의지로 잘 버티고 있다.

◆ 승진·합격 운 : 승진, 합격은 어려움을 이겨내고 쟁취한다.

상담 tip

지팡이 7은 힘든 상황을 의미한다. 자신의 강한 의지가 이 상황을 버티게 만든다. 도전 의식과 열정으로 극복해나간다.

✳ 예상 문제

지팡이 7의 리딩으로 틀린 것은?

① 많은 장애물이 있다.　② 강한 의지력으로 극복한다.　③ 인내심이 강하다.　④ 여유 만만하다.

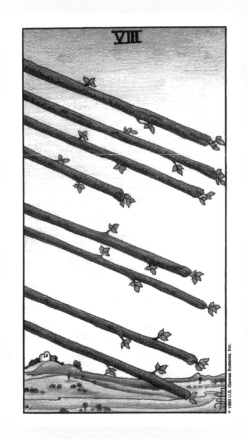

지팡이 8

☀ 키워드

속도전, 신속한, 성급한, 정체가 끝난, 빠른 이동, 빠른 전달

사랑	돈	사업	승진	취업	매매	이동	합격	관재	건강
중	중	중	중	중	하	상	중	중	상

지팡이 8개가 공중에서 바람을 일으키며 날아가고 있다. 저 멀리 언덕이 보이고 강물이 유유히 흐른다.

실전 상담

◆ 연애 운 : 연애는 진행 속도가 빠르다. 주위에 많은 이성들을 의미하기도 하며, 바람피우는 의미도 있다. 새로운 만남을 시작할 수 있지만 진지함을 기대하기는 어렵다.

◆ 사업 운 : 너무 빨리 결정한다.

◆ 재물 운 : 재물과 관련해 돈의 흐름이 매우 빠르다.

◆ 학업 운 : 안정감이 없고 산만하다.

◆ 승진·합격 운 : 승진, 합격이 되면 순식간에 바로 되고, 그렇지 않으면 바로 떨어진다.

상담 tip

지팡이 8은 속도가 가장 빠른 카드다. 신속하고 빠르며 급하게 돌아가는 상황을 말한다 8개의 지팡이가 연애 운에서는 주위에 있는 이성의 수를 나타내기도 한다. 그만큼 많다는 뜻이며 그들 대부분이 바람둥이다.

✴ 예상 문제

지팡이 8의 키워드로 알맞은 것은?
① 천천히   ② 망설이는   ③ 순식간에   ④편안하게

지팡이 9

안전하지 않은, 긴장을 풀지 않는, 방어하는, 피곤한, 컨디션이 나쁜, 인내심이 필요한,
오랫동안

사랑	돈	사업	승진	취업	매매	이동	합격	관재	건강
하	하	하	하	하	하	하	하	하	하

남자가 지팡이 하나에 의지한 채 보초를 서고 있는 모습이다. 몹시 지치고 피곤해 보이지만 오랫동안 해온 일인 듯하다.

실전 상담

◆ 연애 운 : 연애를 하기에는 너무 지치고 힘든 상황이다. 새로운 연애도 시작하기 힘들다.

◆ 사업 운 : 현상 유지도 어렵고 매우 힘든 상황이다.

◆ 재물 운 : 돈이 없다.

◆ 학업 운 : 공부가 피곤하다. 잘 안 된다.

◆ 승진·합격 운 : 승진, 합격이 어렵다.

상담 tip

지팡이 9는 몹시 지치고 피곤함이 쌓여 있는 상황을 나타낸다. 수비학에서 9는 종말과 득도를 나타낸다. 지팡이 9는 종말이다. 모험의 종말, 생동감의 종말이다.

✳ 예상 문제

지팡이 9의 리딩으로 알맞은 것은?
① 열심히 산다. ② 힘이 없고 지쳤다. ③ 돈을 많이 모았다. ④ 연애를 할 수 있다.

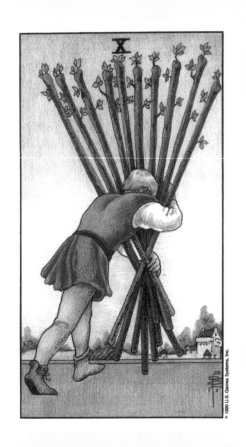

지팡이 10

힘에 부치는, 허리가 휘는, 책임감, 과중한 업무, 다 가지는

사랑	돈	사업	승진	취업	매매	이동	합격	관재	건강
중	상	상	상	상	상	상	상	상	중

남자가 지팡이 10개를 한꺼번에 들고 버거운 모습으로 집을 향해 가고 있다.

실전 상담

◆ 연애 운 : 모든 힘든 부분을 혼자 감당하려고 한다. 새로운 연애는 버겁지만 시작할 수 있다.

◆ 사업 운 : 너무 힘들다. 일을 혼자 다하는 반면에 성과는 큰 편이다.

◆ 재물 운 : 재물은 과도한 욕심 때문에 벅찬 상황이다.

◆ 학업 운 : 너무 힘들지만 반드시 좋은 성과를 낸다.

◆ 승진·합격 운 : 승진, 합격은 쉽지 않지만 결국엔 된다.

상담 tip

지팡이 10은 과도한 업무와 스스로 짊어진 무거운 책임감을 나타낸다. 수비학에서 10은 완성과 대변화를 의미한다. 그래서 집에 도착하면 과중한 업무에서 해방된다.

✳ 예상 문제

지팡이 10의 리딩으로 틀린 것은?

① 책임감이 강하다.   ② 일이 너무 많다.   ③ 느슨하고 게으르다.   ④ 일에서 바로 해방된다.

지팡이 시종
PAGE of WANDS

✳ 키워드

아직 어설픈, 호기심이 많은, 모험하는, 활동적인, 열정적인, 풍부한 아이디어, 재능이 많은

사랑	돈	사업	승진	취업	매매	이동	합격	관재	건강
중	하	하	하	하	하	중	하	하	상

회화적 설명

시종이 호기심 어린 시선으로 지팡이를 들고 쳐다보고 있다. 도마뱀 무늬가 그려진 옷을 입고 있고 깃털이 달린 모자를 쓰고 있다.

실전 상담

◆ 연애 운 : 연애는 조금 미숙하고 서투르다. 연하의 남자일 때 지팡이 시종이 많이 나온다. 새로운 연애를 시작하는 것도 나쁘지 않다. 상대방의 성향에 따라 조금씩 다르게 해석해야 한다.

◆ 사업 운 : 아직 준비가 미흡하다.

◆ 재물 운 : 재물이 많이 쌓이지 않는다.

◆ 학업 운 : 지적 호기심이 많고 모험하는 것을 두려워하지 않는다.

◆ 승진·합격 운 : 승진, 합격은 힘들다.

상담 tip

지팡이 시종은 가장 왕성한 호기심을 가지고 있으며 모험심도 강하다. 활달하고 유쾌한 성향으로 신중함은 좀 부족하다. 많은 정보를 모으기 좋아한다.

✶ 예상 문제

지팡이 시종의 리딩으로 틀린 것은?

① 호기심이 많다.   ② 일에 베테랑이다.   ③ 모험을 좋아한다.   ④ 미숙하다.

지팡이 기사
KNIGHT of WANDS

✶ 키워드

모험, 개척, 성취욕이 있는, 기사도 정신이 있는, 리더십이 있는, 잘생긴, 용감한, 이동하는

사랑	돈	사업	승진	취업	매매	이동	합격	관재	건강
상	중	중	상	상	상	상	상	상	상

회화적 설명

지팡이 기사가 앞을 향해 열심히 달리고 있다. 꼬리를 완전히 물지 않은 도마뱀 무늬의 옷을 입고 있다. 열정적이며 적극적으로 보인다.

실전 상담

✦ 연애 운 : 매우 좋은 연애 운이다. 모험도 즐기고 상대를 잘 리드한다. 새로운 사랑이 찾아온다.

✦ 사업 운 : 좋다. 새로운 프로젝트를 향해 앞으로 돌진한다.

✦ 재물 운 : 많지 않지만 쓰기에는 부족함이 없을 정도다.

✦ 학업 운 : 열심히 한다.

✦ 승진·합격 운 : 승진, 합격이 된다.

상담 tip

지팡이 기사는 용감하고 활동적이며 모험심도 대단하다. 매너 있고 외모가 준수하며, 머리도 똑똑해서 자신의 자리를 잘 찾아간다. 이동하거나 해외로 움직이는 경우에 특히 좋다.

✳ 예상 문제

지팡이 기사의 연애 운에 관한 설명으로 틀린 것은?

① 적극적이다. ② 매너가 있다. ③ 데이트 비용이 너무 없다. ④ 같이 여행하는 것을 좋아한다.

지팡이 여왕
QUEEN of WANDS

✳ 키워드

성공한, 경력이 많은, 신뢰감이 가는, 운동을 즐기는, 남편과 애인이 같이 있는,
책임감이 있는

사랑	돈	사업	승진	취업	매매	이동	합격	관재	건강
상	상	상	상	상	상	상	상	상	상

회화적 설명

여왕은 한 손에는 지팡이를 들고 다른 한 손에는 해바라기를 들었다. 여왕의 왕좌 등받이에는 사자 두 마리가 그려져 있고, 왕좌의 옆에도 사자 두 마리가 조각되어 있다. 여왕은 당당하게 정면을 향하고 있으며, 발 앞에는 고양이 한 마리가 앉아 있다.

실전 상담

◆ 연애 운 : 연애를 할 때 주도권을 갖고 있다. 원하는 게 있으면 먼저 표현하는 성향이다. 새로운 연애 운도 잘 들어온다.

◆ 사업 운 : 매우 좋다. 리더십이 있고 책임감이 강하다. 남성성을 상징하는 지팡이의 여왕이므로 남자보다 오히려 더 능력을 발휘한다. 모험하는 것을 두려워하지 않는다.

◆ 재물 운 : 매우 좋다.

◆ 학업 운 : 적극적으로 임하고 원하는 것을 성취한다.

◆ 승진·합격 운 : 승진, 합격이 된다.

상담 tip

지팡이 여왕은 정면을 향해 당당하게 앉아 있다. 리더십이 있고 자신감도 충만하다. 그 누구보다 능력 있는 인물이다. 연애에서도 남자를 리드하며 일과 사랑을 모두 쟁취하려고 한다. 모든 일에 열정적이며 사업적인 면에서도 완전한 성공을 이루어낸다.

✳ 예상 문제

지팡이 여왕의 리딩으로 틀린 것은?

① 매우 능력 있다. ② 큰 사업을 운영한다. ③ 애인이 있다. ④ 다정다감하고 온화하다.

지팡이 왕
KING of WANDS

✳ 키워드

성공한, 조직의 리더, 리더십이 강한, 권위적인, 성실한, 신뢰감이 있는, 경력이 많은,
창의력이 뛰어난

사랑	돈	사업	승진	취업	매매	이동	합격	관재	건강
상	상	상	상	상	상	상	상	상	상

왕은 열정과 모험을 상징하는 지팡이를 들고 있다. 왕좌와 망토에 그려진 도마뱀의 문양이 꼬리를 물고 있다. 왕관에는 불꽃이 장식되어 있고 의자 등받이에는 사자가 그려져 있다. 왕의 옆에는 도마뱀 한 마리가 보인다.

실전 상담

✦ 연애 운 : 정열적이고 적극적으로 임한다. 새로운 연인의 출현에도 매우 긍정적이다.

✦ 사업 운 : 매우 좋다. 하지만 현재에 만족하지 않는다. 책임감이 강하며 일도 잘한다.

✦ 재물 운 : 매우 좋다.

✦ 학업 운 : 매우 좋다.

✦ 승진·합격 운 : 승진, 합격이 가능하다.

상담 tip

지팡이 왕은 많은 것을 가졌지만, 지금도 도전하고 성취한 것을 다 이루었다고 생각하지 않는다. 정열과 리더십을 발휘해 또 도전한다.

✴ 예상 문제

지팡이 왕의 리딩으로 틀린 것은?

① 열정적이다.　② 자신의 상황에 만족하지 못한다.　③ 도전한다.　④ 예민하고 원리 원칙적이다.

제7부

마이너 카드
검

검 에이스
ACE of SWORDS

✳ 키워드

새로운 시작, 명예로운, 이성적인, 권력, 탁월한 리더십, 자존심이 강한, 정치적인,
투쟁적인, 규칙

사랑	돈	사업	승진	취업	매매	이동	합격	관재	건강
상	상	상	상	상	상	상	상	상	상

검 에이스는 이성, 원칙, 논리성, 명예, 권력을 의미한다. 구름 속에서 나온 손이 검을 쥐고 있고, 그 검은 왕관을 관통한다.

실전 상담

◆ 연애 운 : 새로운 연애를 시작할 수 있다. 자존심이 센 성향이다.

◆ 사업 운 : 사업이나 일과 관련해 이성적이며 현실주의자다. 철두철미하고 계획적이다.

◆ 재물 운 : 좋다.

◆ 학업 운 : 명석한 두뇌와 논리성을 갖추었다. 이과 성향이 강하다.

◆ 승진·합격 운 : 승진, 합격은 매우 좋다.

상담 tip

검 에이스는 권력과 명예욕이 강하다. 명석한 두뇌와 강한 의지가 있으며 시작하는 것을 두려워하지 않는 사람이다. 칼을 들고 있는 의사이기도 하고, 칼을 휘두르는 군·검이기도 하다.

✳ 예상 문제

검 에이스의 리딩으로 틀린 것은?

① 이성적이다.　② 냉철하다.　③ 강한 명예욕과 정치 욕심이 있다.　④ 부드럽고 자상하다.

검 2

© 1990 U.S. Games Systems, Inc.

✴ 키워드

균형 잡힌, 폐쇄적인, 답답한, 불확실한, 침체되어 있는, 무의식

사랑	돈	사업	승진	취업	매매	이동	합격	관재	건강
하	하	하	하	하	하	하	하	하	하

회화적 설명

눈을 가린 여인은 두 손으로 큰 검을 잡고 가슴을 가로막고 있다. 여인의 뒤로는 바다가 보인다.

실전 상담

◆ 연애 운 : 의사소통이 어렵고 폐쇄적이다. 새로운 연애를 시작하기 어렵다.

◆ 사업 운 : 매우 안 좋다. 새로운 사업도 해서는 안 된다.

◆ 재물 운 : 좋지 않다.

◆ 학업 운 : 혼자만의 생각에 휩싸여 공부하지 않는다.

◆ 승진·합격 운 : 승진, 합격은 안 된다.

상담 tip

검 2는 우울하고 폐쇄적인 카드다. 검의 냉소적이고 차가운 이미지가 잘 드러난다. 뭔가를 깊이 생각하느라 쉽게 결정을 내리지 못 한다. 그저 그런 남자 두 명을 두고 갈등할 때도 검 2가 자주 나온다. 사랑은 아무하고두 이뤄지지 않는다. 정신 질환, 우울증, 대인공포증, 공황장애와도 관련이 있는 카드다.

✴ 예상 문제

검 2의 리딩으로 틀린 것은?

① 폐쇄적이다. ② 건강하다. ③ 결정하지 못 한다. ④ 표정이 굳어 있다.

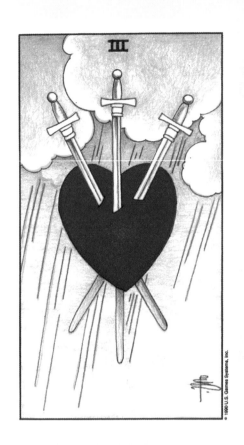

검 3

✳ 키워드

고통스러운, 아픈, 마음의 큰 상처, 이별, 이혼, 파경, 폐업, 죽음

사랑	돈	사업	승진	취업	매매	이동	합격	관재	건강
하	하	하	하	하	하	하	하	하	하

검 3개가 하트를 관통하며 꽂혀 있다. 회색의 먹구름 사이로 비가 내리고 있다.

실전 상담

◆ 연애 운 : 이별한다. 새로운 연애도 할 수 없다.

◆ 사업 운 : 새로운 사업도 해서는 안 된다. 폐업할 수도 있다.

◆ 재물 운 : 좋지 않다.

◆ 학업 운 : 집중하기 힘들다.

◆ 승진·합격 운 : 승진, 합격은 안 된다.

상담 tip

검 3은 몹시 힘든 상처, 이별, 파경, 죽음의 의미를 담고 있다. 힘든 대수술을 나타내기도 하며, 나를 지키기 위해서는 적을 죽여야 하는 경우도 있다.

✳ 예상 문제

검 3의 키워드로 틀린 것은?
① 상처 ② 이별 ③ 따뜻함 ④ 고통스러운

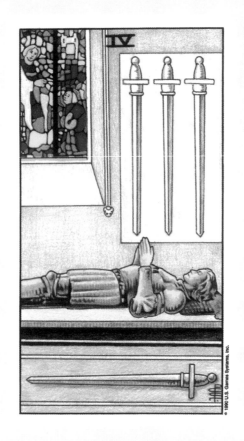

검 4

✳ 키워드

이별, 깊은 고민, 은둔, 휴식, 격리되는, 회복 중인

사랑	돈	사업	승진	취업	매매	이동	합격	관재	건강
하	하	하	하	하	하	하	하	하	하

장군으로 보이는 남자는 두 손을 모으고 기도하는 자세로 누워 있다. 스테인드글라스의 성당 창문이 보인다. 3개의 검은 벽에 걸려 있고, 1개의 검은 장군의 옆에 길게 놓여 있다.

실전 상담

✦ 연애 운 : 좋지 않다. 휴식, 공백기와 관련 있다. 새로운 연애도 들어오지 않는다.

✦ 사업 운 : 상황이 좋지 않다.

✦ 재물 운 : 좋지 않다.

✦ 학업 운 : 공부가 안 된다.

✦ 승진·합격 운 : 승진, 합격은 안 된다.

상담 tip

검 4는 상담사들 사이에서 해석이 분분하다. 첫 번째는 죽은 사람으로 보기도 하고, 두 번째는 장군이 전쟁을 마치고 또 다른 전쟁에 나가기 위해서 잠시 휴식을 취하고 있는 모습으로 보기도 한다. 수비학에서 4는 질서와 통제를 의미한다. 3개의 세워져 있는 검에 주목한다면 두 번째의 경우로 해석하는 것에 좀 더 무게가 실릴 수 있다.

✳ 예상 문제

검 4의 사업 운에 관한 설명으로 알맞은 것은?

① 현재 번창하고 있다. ② 잠시 휴업 중이다. ③ 현상 유지 중이다. ④ 새로운 곳에 투자해야 한다.

검 5

✳ 키워드

배신, 쓸쓸한 승자, 야비한, 주변을 잘 살펴보아야 하는, 소외된, 망신살

사랑	돈	사업	승진	취업	매매	이동	합격	관재	건강
중	중	중	상	상	상	상	상	상	중

오른쪽의 남자는 비열한 방법으로 승리를 거머쥐고 도취되어 있다. 야비하고 사악한 웃음을 짓고 있다. 나머지 두 남자는 싸움의 패배 후 비참한 상태로 검을 버렸다. 하늘의 먹구름이 그 마음을 대변한다.

실전 상담

◆ 연애 운 : 자신의 입장에서 보면 이기적으로 연애한다. 새로운 연애도 이기적으로 할 수 있다.

◆ 사업 운 : 이기적이고 비겁한 방법으로 손해를 보지 않는다. 새로운 사업은 시작하면 안 된다.

◆ 재물 운 : 좋지 않다. 내 돈은 잘 지킨다.

◆ 학업 운 : 자신의 입장에서 보면 어떻게든 성취한다.

◆ 승진·합격 운 : 승진, 합격은 씁쓸하게 승리한다. 영광스러운 합격이나 승진이 아니다.

상담 tip

검 5는 비열함을 대표하고 배신의 아이콘이다. 질문을 하는 내담자가 오른쪽의 남자다. 도덕적이지 않은 방법으로 원하는 것을 얻을 수 있다. 어떻게 해서라도 쟁취한다. 주위를 잘 살펴야 한다. 의외로 가까운 곳에서 배신을 당하기도 한다. 뺏기고 나서 후회할 때는 이미 늦었다. 내가 배신할 수도 있다. 그것이 재물이든, 사업이든, 사랑이든 상관없다. 타로 상담을 받으러 오는 분들이 모두 상식적인 생각을 갖거나 윤리적이진 않다. 상담사는 개인적인 감정을 배제하고 상담해야 한다.

✳ 예상 문제

검 5의 연애 운에 관한 설명으로 알맞은 것은?

① 너무 잘 해준다. ② 비열하게 배신당한다. ③ 나에게 용돈도 준다. ④ 결혼까지 약속했다.

검 6

✳ 키워드

위험한 출발, 포기하지 않는, 조심스럽게 진행하는, 어렵게 이동하는, 총체적 위기,
믿는 조력자

사랑	돈	사업	승진	취업	매매	이동	합격	관재	건강
하	하	하	하	하	하	상	하	하	하

강을 건너는 배에는 6개의 검이 꽂혀 있으며 세 사람이 타고 있다. 남자는 노를 젓고 아이와 여인은 숨죽여 앉아 있다. 출렁이는 파도를 지나 저 멀리 보이는 육지를 향해 노를 저어간다.

실전 상담

◆ 연애 운 : 아주 힘든 상황이지만 그래도 함께하려고 한다. 새로운 연애는 불안한 출발이다.

◆ 사업 운 : 사업은 위태위태하다.

◆ 재물 운 : 좋지 않다.

◆ 학업 운 : 몹시 안 좋다.

◆ 승진·합격 운 : 승진, 합격은 매우 안 좋다.

상담 tip

검 6은 위태롭고 불안한 상황이지만 서로 믿고 함께한다. 하지만 배에 꽂혀 있는 6개의 검이 문제고 총체적인 위기 상황이다. 경거망동하거나 움직이면 안 된다. 숨죽여서 천천히 진행해야 육지에 도달하게 될 것이다.

✳ 예상 문제

검 6의 리딩으로 알맞은 것은?

① 상황이 안정적이다. ② 사업이 잘된다. ③ 몹시 불안한 출발이다. ④ 편안하다.

검 7

도둑, 스파이, 비밀스러운 계획, 간교한, 비겁한 계략, 수단과 방법을 가리지 않는

사랑	돈	사업	승진	취업	매매	이동	합격	관재	건강
중	중	중	상	상	상	상	상	상	중

남자는 막사에서 5개의 검을 훔쳐 까치발로 몰래 달아나고 있다. 검의 칼날을 잡고 얼굴에는 비열한 웃음을 짓고 있다. 나머지 2개의 검은 막사에 그대로 세워져 있다. 몹시 위험해 보인다.

실전 상담

◆ 연애 운 : 정신적 물질적으로 모두 도둑맞는다. 몸도 주고 마음도 주고 돈도 주지만 결국 상대는 비열하게 떠난다. 자신이 이렇게 할 수도 있다. 새로운 연애에 이 카드가 나오면 시작하지 말아야 한다. 그런데도 시작하는 경우가 많다.

◆ 사업 운 : 사업이나 일에서는 스파이를 조심해야 한다.

◆ 재물 운 : 도둑맞는다. 내 입장에는 어떻게든 돈을 모은다.

◆ 학업 운 : 수단과 방법을 가리지 않고 원하는 것을 얻는다. 자신이 이루어놓은 성과를 다른 사람이 채 갈 수도 있다.

◆ 승진·합격 운 : 승진, 합격은 어떻게든 해내고 만다.

상담 tip

검 7은 비열한 도둑 카드다. 내담자가 이런 성향의 사람일 수도 있다. 승진 시험을 앞둔 남자가 이 카드를 뽑았다. 수단과 방법을 가리지 않고 승진 시험에 붙고 싶다고 솔직히 말했다. 인과응보의 대가를 치르기 때문에 권하지는 않지만 선택은 내담자의 몫이다. 아무리 오랫동안 믿고 함께 했던 관계도 이 카드가 나오면 배신하거나, 배신당할 수 있다. 절대 그럴 리 없다고 해놓고 몇 달 후에 배신당했다고 피드백을 하는 경우가 여러 번 있었다.

✱ 예상 문제

검 7의 리딩으로 틀린 것은?

① 도둑맞는다.　② 철저하게 계획해서 다 가져간다.　③ 이 사람은 믿을 만하다.　④ 돈을 뺏겼다.

검 8

구속된, 묶여 있는, 죄인이 된, 포로, 벗어나기 힘든, 이동하지 않는, 엄청난 스트레스,
의지가 부족한

사랑	돈	사업	승진	취업	매매	이동	합격	관재	건강
하	하	하	하	하	하	하	하	하	하

여자의 온몸이 묶인 채 날카롭고 차가운 8개의 검에 둘러싸여 있다. 눈도 가려져 앞도 볼 수 없다. 발아래는 물이 흐르는 땅이 있고 뒤로는 성이 보인다.

실전 상담

✦ 연애 운 : 엄청난 스트레스를 받고 있다. 상대방에게서 헤어날 수 없다. 새로운 연애는 시작할 수 없다.

✦ 사업 운 : 좋지 않은 상황으로 헤쳐나갈 방법이 없다.

✦ 재물 운 : 좋지 않다.

✦ 학업 운 : 과도한 스트레스로 공부가 안 된다.

✦ 승진·합격 운 : 승진, 합격은 안 된다.

상담 tip

검 8은 몹시 안 좋은 상황에 놓여 있고, 그 상황을 모면할 방법을 찾지 못하고 있다. 극심한 업무 스트레스나 사람들과의 관계에서 고통 받을 때도 어김없이 이 카드가 나온다.

✳ 예상 문제

검 8의 대인 관계에 관한 설명으로 알맞은 것은?

① 동료와 유대가 좋다.　② 사람과 소통이 잘된다.　③ 스트레스를 많이 받는다.　④ 누군가에게 도움을 준다.

검 9

우울증, 불면증, 고통스러운, 걱정하는, 병원에 입원하는

사랑	돈	사업	승진	취업	매매	이동	합격	관재	건강
하	하	하	하	하	하	하	하	하	하

밤에 잠을 이루지 못하는 여인은 얼굴을 감싸며 고통스러워하고 있다. 여인의 위로는 9개의 검이 가로로 놓여 있고, 꽃과 별자리 무늬의 이불을 반쯤 덮고 있다. 침대 아래는 싸움하는 사람이 조각되어 있다.

실전 상담

- 연애 운 : 너무 힘들다. 새로운 연애는 할 수 없다.
- 사업 운 : 너무 안 좋은 상황이다. 스트레스를 많이 받고 있다.
- 재물 운 : 좋지 않다.
- 학업 운 : 스트레스를 많이 받고 있다. 공부가 안 된다.
- 승진·합격 운 : 승진, 합격은 안 된다.

상담 tip

검 9는 우울증, 불면증, 정신적인 스트레스 등 질병에 관한 카드다. 다리 쪽만 반쯤 이불을 덮고 있다. 하반신과 관련된 질병도 해당된다. 수비학에서 9는 종말을 의미한다. 모든 것에는 끝이 있다. 그것이 비극이든 희극이든 끝이 보인다.

✴ 예상 문제

검 9의 키워드로 틀린 것은?
① 답답함 ② 긍정적인 의지 ③ 불면증과 우울증 ④ 걱정하는

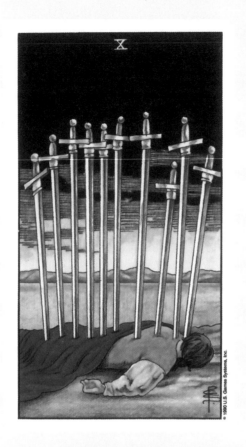

검 10

죽은, 상황이 끝난, 패배한, 절망적인, 심각한 사고, 죽음과 맞바꾸는 희생

사랑	돈	사업	승진	취업	매매	이동	합격	관재	건강
하	하	하	하	하	하	하	하	하	하

회화적 설명

어두운 밤에 남자가 목부터 엉덩이까지 10개의 검이 꽂힌 채 누워 있다. 피가 많이 흐른 것으로 보아 죽은 듯하다. 남자의 건너편 바다 위로 석양이 지고 있다.

실전 상담

◆ 연애 운 : 현재 연애 중이라면 헤어진다. 새로운 연애는 할 수 없다.

◆ 사업 운 : 사업은 파산이거나 부도난다. 새로운 창업도 당분간은 힘들다.

◆ 재물 운 : 좋지 않다.

◆ 학업 운 : 공부가 중단된다.

◆ 승진·합격 운 : 승진, 합격은 안 된다.

상담 tip

검 10은 죽음을 의미한다. 모든 상황의 종료를 나타내기도 한다. 사경을 헤매는 큰 사고를 당할 때도 이 카드가 나오기도 한다. 20대 중국인 여자가 수술을 한다고 해서 너무 힘든 대수술인 것 같다고 카드를 보고 말했다. 성형수술을 앞두고 있는 상황으로 거의 얼굴을 바꾸는 수술이었다. 수술비만 해도 어마어마한 금액이었다. 오래전 여름으로 기억된다.

✳ 예상 문제

검 10의 키워드로 틀린 것은?
① 죽음 ② 심각한 사고 ③ 개업 ④ 대수술

검 시종
PAGE of SWORDS

✴ 키워드

어리숙한, 민첩한, 위험천만한, 결단력이 있는, 잠재력이 있는

사랑	돈	사업	승진	취업	매매	이동	합격	관재	건강
하	하	하	하	하	하	하	하	하	상

회화적 설명

시종이 큰 검을 불안한 자세로 잡고 언덕 위에 서 있다. 많이 경계하는 모습이다. 하늘에는 구름이 둥실둥실 흘러간다.

실전 상담

◆ 연애 운 : 어리숙하고 서툴러서 연애가 어렵다. 새로운 연애를 시작하기 힘들다.

◆ 사업 운 : 사업을 시작하기에는 경험이나 능력이 부족하다.

◆ 재물 운 : 조금의 돈만 있을 뿐이다.

◆ 학업 운 : 학업이나 적성은 운동선수, 기술직, 요리, 군인, 경찰 계열이 잘 맞는다.

◆ 승진·합격 운 : 승진, 합격은 안 된다.

상담 tip

검 시종은 잘 다듬어야 한다. 큰 검을 쥐고 있는 시종은 아슬아슬하고 불안하다. 학창 시절에 자칫 잘못하면 학교 폭력을 일으키기도 한다. 자존심과 고집이 대단하기 때문에 아무에게도 조언을 들으려고 하지 않는다. 머리가 비상하고 냉정함과 차가운 이성을 가지고 있으므로 이 장점을 잘 발휘할 수 있도록 도와주어야 한다. 조직 폭력배와 형사는 한 끗 차이다.

✳ 예상 문제

검 시종의 리딩으로 틀린 것은?

① 머리가 좋고 냉정하다.   ② 사교적이다.   ③ 운동을 좋아한다.   ④ 학교 폭력과 관련이 있다.

검 기사
KNIGHT of SWORDS

✶ 키워드

리더십이 있는, 야망이 있는, 패기 있는, 남성적인, 용감한, 날렵한, 이동, 분석적인, 이성적인

사랑	돈	사업	승진	취업	매매	이동	합격	관재	건강
상	중	중	상	상	상	상	상	상	상

검을 든 기사는 투구를 미처 내리지 못한 채 바람을 가르며 앞을 향해 전속력으로 돌진하고 있다.

하늘에는 구름이 떠 있으며 백마는 갈기를 힘차게 휘날리고 있다.

실전 상담

◆ 연애 운 : 매우 속도감 있는 연애를 한다. 새로운 연애도 시작할 수 있다.

◆ 사업 운 : 현재 사업을 열심히 하고 있다.

◆ 재물 운 : 충분히 생활할 정도다.

◆ 학업 운 : 군인, 경찰, 검사, 운동선수, 요리, 기술과 관련된 과나 진로가 좋다.

◆ 승진·합격 운 : 승진, 합격이 된다.

상담 tip

검 기사는 네 명의 기사 중에서 가장 기사답다. 목표를 정하면 망설임 없이 용감하게 돌진한다. 하지만 투구를 바로 쓰고 장갑을 껴야 한다. 사소한 실수가 큰일을 그르칠 수도 있다. 목표를 이루기 위해서 무조건 돌진하며, 무서운 집중력과 집착성도 강하다. 의리와 패기가 있는 멋진 모습도 있다.

✳ 예상 문제

검 기사의 리딩으로 틀린 것은?

① 추진력이 좋다.   ② 부드럽고 애교가 많다.   ③ 용감하다.   ④ 군인이다.

검 여왕
QUEEN of SWORDS

✳ 키워드

성공한, 리더십이 있는, 자존심이 강한, 남성성이 강한, 독보적인, 능력이 있는, 고독한,
이혼녀, 논리적인, 철두철미한 완벽주의자

사랑	돈	사업	승진	취업	매매	이동	합격	관재	건강
하	상	상	상	상	상	상	상	상	중

여왕은 큰 검을 똑바로 들고 측면의 모습을 보여준다. 카리스마와 대단한 권력이 있다. 왕좌에는 나비 문양이 새겨져 있으며, 왕관에도 나비 문양이 있다. 하늘에는 새가 날고 있다.

실전 상담

✦ 연애 운 : 이성에게 별 관심이 없다. 새로운 연애에도 관심이 없다.

✦ 사업 운 : 아주 좋다. 본인이 하고자 하는 사업은 성공한다.

✦ 재물 운 : 부와 권력 모두 다 가졌다.

✦ 학업 운 : 머리가 좋고 논리적이며 이성적이다. 학업 성적이 매우 우수하다.

✦ 승진·합격 운 : 승진, 합격이 된다.

상담 tip

검 여왕은 대단한 카리스마의 소유자다. 독불장군 같은 자존감이 있다. 이런 성향의 사람을 잘 상대하거나 반기를 드는 사람은 흔치 않다. 이혼녀, 독신녀 등 홀로 있는 여자를 의미하기도 한다. 일과 사랑 중에 일을 선택한다. 역사적으로 어린 왕을 대신해 섭정을 하면서 권력을 손에 쥔 여왕을 상징하기도 한다. 성격이 대단하기 때문에 비위 맞추기도 쉽지 않다. 실제로 상담을 하다 보면 남자도 운영하기 어려운 큰 기업의 여자 대표도 많다.

✳ 예상 문제

검 여왕의 리딩으로 틀린 것은?

① 성격이 독선적이다. ② 권력과 부를 다 가졌다. ③ 남자한테 잘 해준다. ④ 독신녀.

검 왕
KING of SWORDS

✳ 키워드

성공한, 큰 조직의 리더, 정치를 잘하는, 보수적인, 주도적인, 결단력이 강한, 냉정한,
분석하는, 완벽주의, 매우 남성적인

사랑	돈	사업	승진	취업	매매	이동	합격	관재	건강
중	상	상	상	상	상	상	상	상	상

왕은 큰 검을 들고 당당하게 왕좌에 앉아서 정면을 바라보고 있다. 푸른색 용포와 보라색 망토를 두르고 있다. 왕관에는 나비 문양이 있고, 왕좌의 등받이에도 나비 문양이 조각되어 있다.

실전 상담

✦ 연애 운 : 자신이 원하는 대로 한다. 권위적이고 가부장적이다. 새로운 연애도 할 수 있다.

✦ 사업 운 : 한 기업의 CEO다. 사업을 본인이 원하는 대로 다 한다. 사업이 매우 잘된다.

✦ 재물 운 : 부와 권력, 명예를 다 가졌다.

✦ 학업 운 : 명석한 두뇌와 탁월한 리더십으로 학생 회장을 한다.

✦ 승진·합격 운 : 승진, 합격이 된다.

상담 tip

검 왕은 리더십과 카리스마의 끝판왕이다. 가장 남성적이며 논리적이고 이성적이다. 사리판단이 분명하며 완벽주의자로 한 치의 실수도 허용하지 않는다. 이런 성향의 사람을 상대해서 이기려고 하면 안 된다. 제대로 싸우려면 목숨을 걸어야 할 정도이다. 사업적으로도 튼튼하고 견고하다. 옳고 그름도 중요하지만, 대를 위해서는 소를 희생시키는 일도 과감히 한다.

✳ 예상 문제

검 왕의 리딩으로 틀린 것은?

① 직선적이고 냉철하다.　② 권력과 야망이 대단하다.　③ 실수를 용서한다.　④ 실력 있고 의지가 강하다.

제8부

배열법과 리딩

배열법과 리딩

[자율 배열법]
5카드 배열법

| 과거 상황 | 현재 상황 | 질문자의 속마음 | 결과의 원인 | 결과 |

바리스타 자격증 시험을 봅니다. 합격할 수 있을까요?

21세, 안수진 씨(가명).

타로
결과

❶ 과거 상황
컵 3

❷ 현재 상황
19. 태양

❸ 질문자의 속마음
1. 마법사

❹ 결과의 원인
동전 여왕

❺ 결과
검 9

"수진 씨, 앞으로 시험까지 시간이 어느 정도 있나요?"

"5개월 남았어요."

(컵 3)수진 씨가 **이전에는** 바리스타 시험을 즐겁게 준비하셨던 거 같아요. 커피를 굉장히 좋아하시나 봐요. (19. 태양)**지금도** 커피에 관해 공부하고 바리스타 시험을 준비하는 과정이 매우 기분 좋은 일이고 아주 긍정적으로 보여요. (1. 마법사)**속마음도** 보니 자신감이 있어요. 손재주, 아이디어, 예술적 감각 등 다재다능한 재능이 있는 거 같아요. 정말 좋은 장점을 가지고 있어요. (동전 여왕)시험 준비는 아주 완벽하게 할 거예요. 자신감도 아주 좋습니다. (검 9)하지만 **결과는** 좋지 않아요. **이번에는** 시험에 합격할 수 없다고 나와요.

9카드 배열법

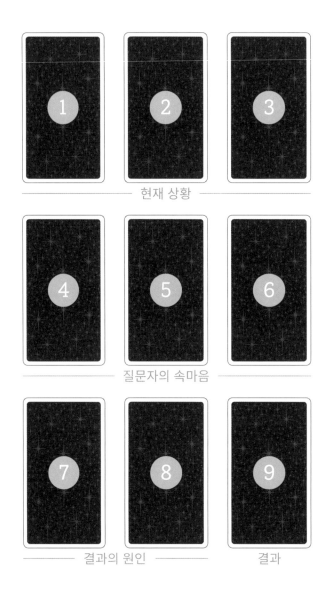

현재 상황

질문자의 속마음

결과의 원인   결과

소개팅을 앞두고 있습니다. 소개팅에서 만나는 사람과 연애를 시작할 수 있을까요?

26세 박수철 씨(가명).

타로
결과

❶ 현재 상황
19. 태양

❷ 현재 상황
6. 연인

❸ 현재 상황
검 8

❹ 질문자의 속마음
12. 매달린 남자

❺ 질문자의 속마음
1. 마법사

❻ 질문자의 속마음
컵 7

❼ 결과의 원인
13. 죽음

❽ 결과의 원인
컵 10

❾ 결과
지팡이 시종

"수철 씨, 소개팅을 언제 하나요?"

"다음 주 토요일입니다. 일주일 정도 남았어요."

(19. 태양)지금 상황을 보니 소개팅 약속이 기분 좋고, (6. 연인)연인을 만들 수 있는 기회가 온 것 같아요. (검 8)하지만 연애에 대해, 여자에 대해 스트레스가 좀 있는 것 같아요. 수철 씨의 속마음을 볼게요. (12. 매달린 남자)연애가 어려울 거라 생각하고 있어요. (1. 마법사)한편으로 자신감을 갖고 시작해야지 생각해요. (컵 7)그런데 연애에 대해서 이런저런 쓸데없는 생각이 많아 보여요. 현실감 없는 가능성이 괜히 머릿속에서 맴돌기도 하고요. (13. 죽음)소개팅을 받고 한동안 연락이 없는 단절이 있을 거예요. (컵 10)하지만 다시 잘 해보려고 굉장히 긍정적이고 좋은 감정을 가져요. (지팡이 시종)질문에 대한 답을 드리자면, 나름대로 노력을 하지만 연애에 대해 잘 모르고 미숙해서 어려움을 느껴요. 결과적으로는 연애가 잘 진행되진 않을 것 같아요.

양자택일 배열법

A의 과거 상황 B의 과거 상황

A의 현재 상황 B의 현재 상황

A의 결과 B의 결과

[A] [B]

**아파트를 사고 싶어서 알아보니 A아파트와 B아파트가 매물로 나왔어요. 저는 B아파트가 좋아요.
어느 쪽이 더 좋을지 타로로 봐주세요.**

55세 김정애 씨(가명).

타로
결과

❶ A의 과거 상황
검 2

❹ B의 과거 상황
검 기사

❷ A의 현재 상황
21. 세계

❺ B의 현재 상황
7. 전차

❸ A의 결과
동전 여왕

❻ B의 결과
2. 여사제

(검 2)A아파트는 **전의 상황을** 보니 생각을 안 하셨던 것 같아요. (21. 세계)그렇지만 지금은 A아파트가 브랜드 인지도와 생활환경이 좋아 보이긴 해요. (동전 여왕)**결과는** A아파트를 계약하시는 게 부동산 투자 가치도 좋을 것 같아요. 금액이 예상보다 높긴 하지만 정애님하고도 잘 맞을 것 같습니다.

(검 기사)B아파트는 **전의 상황을** 보니 B아파트 매매를 위해 적극적으로 노력했던 것 같아요. (7. 전차)**지금 상황에서** B아파트를 계약하는 게 현실적으로 부담이 덜해 보이고요. (2. 여사제)그렇지만 **결과는** B아파트는 사면 안 될 것 같아요. 왜냐하면 투자 가치도 없어 보이고 무엇보다 B아파트에 대한 확신이 없어요. '내 아파트가 되기는 어렵겠다'고 나와요.

매직세븐 배열법

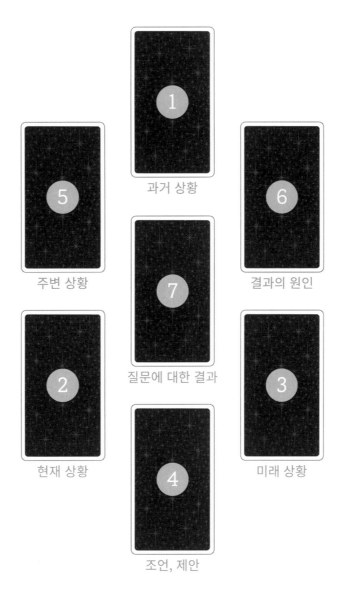

미용사 자격증 시험을 봅니다. 합격할 수 있을까요?

21세 이준성 씨(가명).

타로
결과

① 과거 상황
2. 여사제

⑤ 주변 상황
지팡이 7

⑥ 결과의 원인
지팡이 5

⑦ 질문에 대한 결과
3. 여황제

② 현재 상황
7. 전차

③ 미래 상황
동전 4

④ 조언, 제안
0. 바보

"현재 8월인데 시험을 언제 보나요?"

"9월 25일입니다."

(2. 여사제)준성 씨께서 **이전부터** 공부는 열심히 하셨던 것 같아요. 하지만 확실히 미용사를 해야 겠다는 마음은 아니었던 것 같아요. 이랬다저랬다 했겠지요. (7. 전차)**지금은** 그때와는 완전히 다르게 정말 열심히 필기와 실기 공부를 적극적으로 하고 있어요. 에너지가 넘쳐요. (지팡이 7)**주변 에서는** 준성 씨의 의지를 대단히 높게 봐요. '너는 지금 여러 가지 상황이 어려움에도 불구하고 의지가 강해서 이번에 미용사 시험에 붙을 거야' 이렇게 보고 있어요.

(지팡이 5)미용사 시험을 보기 전까지 얽히고설킨 복잡하고 쓸데없는 일들이 생기겠지만, (3. 여 황제)시험의 **결과는** 다행히 미용사 시험을 너무 좋은 성적으로 합격하겠어요. (동전 4)**미래의 모 습을** 봐도 미용사 시험에 합격한 후 안정적인 곳에서 일하게 될 것 같아요. 카드가 너무 좋게 나왔어요. (0. 바보)결과와 미래가 모두 긍정적이므로 **조언 카드는** 굳이 읽어주지 않습니다.

켈틱크로스 배열법

현재 나의 상황

문제점에 대한 현재 상황

문제 상황

문제점에 대한
가까운 과거

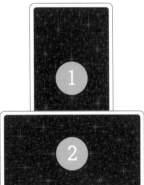

문제점에 대한
오랜 전 과거

미래 상황

결과

결과의 원인

주변 상황,
객관적 시선

문제점에 대한
나의 속마음

이직을 생각하고 있습니다. 할 수 있을까요?

31세 김미정 씨(가명).

타로
결과

❺ 현재 나의 상황
컵 7

❿ 결과
19. 태양

❹ 문제점에 대한
가까운 과거
5. 교황

❶ 문제점에 대한 현재 상황
14. 절제

❻ 미래 상황
컵 9

❾ 결과의 원인
18. 달

❷ 문제 상황
검 8

❸ 문제점에 대한
오랜 전 과거
동전 7

❽ 주변 상황,
객관적 시선
동전 3

❼ 문제점에 대한
나의 속마음
지팡이 8

"몇 월쯤에 이직을 생각하시나요?"

"12월 연말에요."

(14. 절제)미정 씨께서 뽑은 카드를 보면 **현재** 심사숙고하고, (검 8)이직에 대해 굉장히 많은 스트레스를 받고 있다고 나와요. (동전 7)**이전까지** 성실하게 일하셨고 나름의 성과도 있었던 것 같아요. (5. 교황)미정 씨의 이직을 도와주려는 사람도 **최근에** 보여요. 귀인이죠. (컵 7)**현재는** 이런저런 생각을 많이 하는 것 같아요. (지팡이 8)미정 씨의 **속마음을** 보니 상황이 빨리 해결되길 바라고 있어요. 이직을 빨리하고 싶으신 것 같아요. (동전 3)**주변 환경이** 안 좋아 보이는 데 물론 직장이겠지요. 이직을 못 하게 자꾸 미정 씨와 프로젝트 같은 것을 엮어서 같이 하자고 할 수 있어요. (18. 달)시간이 걸리겠어요. 이직과 관련해 고민도 많고 답답하지만, (19. 태양)그럼에도 이직을 할 수 있다는 **결과가** 나와요. (컵 9)**앞으로의 상황을** 보니 매우 안정감 있고 편안한 직장 생활을 하겠다고 나오네요.

[고정 배열법]
컵오브릴레이션 배열법

우리의 결과

내가 상대방에게
바라는 점

우리의 현재 상황

상대방이 나에게
바라는 점

문제점을 보는
나의 속마음

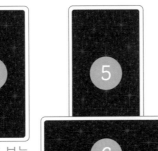

문제점을 보는
상대방의 속마음

현재 상황의 문제점

우리의 가까운 과거

처음 만났을 때
나의 상황

처음 만났을 때
우리의 상황

처음 만났을 때
상대방의 상황

3개월 만난 남자와 앞으로 연애가 잘 될까요?

34세 박수미 씨(가명). (철수 씨와 연인 관계)

타로
결과

⑪ 우리의 결과
지팡이 에이스

⑤ 우리의 현재 상황
지팡이 8

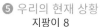

⑨ 내가 상대방에게
바라는 점
8. 힘

⑦ 문제점을 보는
나의 속마음
3. 여황제

⑥ 현재 상황의 문제점
19. 태양

⑧ 문제점을 보는
상대방의 속마음
동전 시종

⑩ 상대방이 나에게
바라는 점
컵 8

④ 우리의 가까운 과거
검 6

② 처음 만났을 때
나의 상황
검 4

① 처음 만났을 때
우리의 상황
시팡이 기사

③ 처음 만났을 때
상대방의 상황
15. 악마

206

(검 4)3개월 전에 처음 만남을 가졌을 때 **수미 씨는** 연애를 하기에 좋은 상황은 아니었던 것 같아요. (15. 악마)**상대방 남자는** 치명적인 문제점이 있었던 것으로 보여요. (지팡이 기사)그렇지만 **만남을** 시작했고요. (검 6)**이 앞까지는** 아슬아슬하게 관계를 이어왔네요. (지팡이 8)지금은 이 상황을 빨리 해결해야 하는데, (19. 태양)너무 긍정적으로 태평하게 대처하고 있는 게 **문제라고** 볼 수 있어요. (3. 여황제)**수미 씨의 속마음은** 잘 풀릴 거라고 확신하며 대수롭지 않게 생각하고 있어요. (동전 시종)**상대방 속마음** 역시 너무 가볍게 여기고 깊이 생각하지 않아요. (8. 힘)수미 씨는 앞으로도 인내하고 상대방을 잘 컨트롤할 거예요. 상대방이 이 문제를 **해결하길 바라고** 있지만, (컵 8)상대방은 '네가 안고 가기 싫으면 그냥 떠나라, 원망하지 않겠다'고 **수미 씨에게 바라고** 있어요. (지팡이 에이스)그럼에도 앞으로 두 사람은 다시 시작하는 마음으로 연애를 열심히 하겠다는 **결론이** 나왔습니다.

궁합

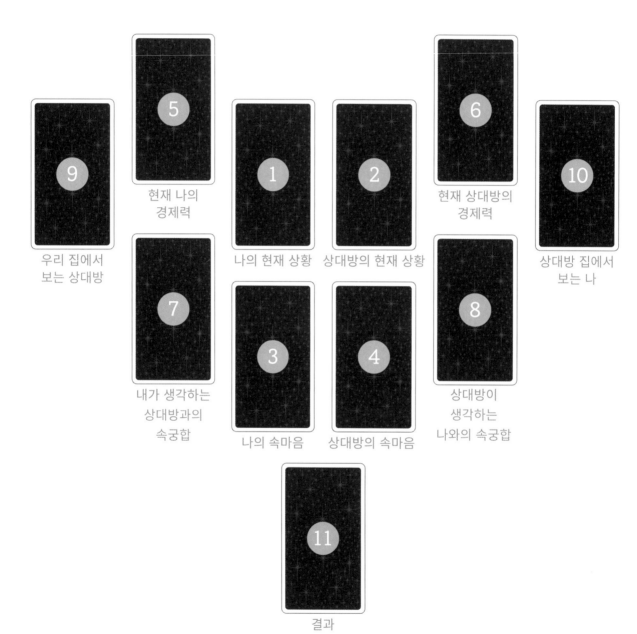

5 현재 나의
경제력

9 우리 집에서
보는 상대방

1 나의 현재 상황

2 상대방의 현재 상황

6 현재 상대방의
경제력

10 상대방 집에서
보는 나

7 내가 생각하는
상대방과의
속궁합

3 나의 속마음

4 상대방의 속마음

8 상대방이
생각하는
나와의 속궁합

11 결과

1년 사귄 남자 친구와 결혼할 수 있을까요?

38세 이영하 씨(가명).

타로
결과

**❾ 우리 집에서
보는 상대방**
18. 달

**❺ 현재 나의
경제력**
2. 여사제

**❼ 내가 생각하는
상대방과의
속궁합**
19. 태양

**❶ 나의
현재 상횡**
검 왕

❸ 나의 속마음
동전 3

**❷ 상대방의
현재 상횡**
검 8

❹ 상대방의 속마음
지팡이 10

**❻ 현재 상대방의
경제력**
지팡이 왕

**❽ 상대방이
생각하는
나와의 속궁합**
동전 5

**❿ 상대방 집에서
보는 나**
컵 4

⓫ 결과
동전 4

(검 왕)영하 씨는 **현재** 결혼에 대해 큰 확신이 있어 보여요. 남자 친구의 조건을 대단히 좋게 보나 봐요. (동전 3)**속마음은** 결혼이 성사되지 않을 것 같아 걱정하고 있어요. 영하 씨 스스로 남자 친구와 잘 상의해서 결혼을 해야겠다고 생각하는 것 같아요. (2. 여사제)영하 씨 **경제적으로** 여유가 너무 없지요. 모아놓은 돈도 없고요. (19. 태양)**속궁합을** 보면 남자 친구에게 좋은 감정이 크고 오로지 이 사람만 바라보고 있어요. 현재도 매우 만족하고 있고요. (18. 달)**영하 씨 집에서** 남자 친구를 볼 때는 고민과 생각이 많은 것으로 보여요. 마냥 긍정적으로 보는 것 같진 않아요.

(검 8번)상대방 남자 친구를 보죠. **현재** 이 결혼에 대해 스트레스를 많이 받고 있어요. 자신을 너무 구속하면서 괴롭히는 문제라고 느껴요. (지팡이 10)**속마음은** 무거운 책임감과 버거움이 있는 거 같아요. 그렇지만 포기하지는 않아요. (지팡이 왕)남자 친구가 좋은 직업을 가지고 있어서 안정적이고, **경제력도** 다 준비되어 있어요. (동전 5)그런데 **속궁합을** 보니 마냥 만족하는 것 같지는 않아요. 조금 냉랭하고 시큰둥하게 보여요. (컵 4)**남자 친구 집에서는** 영하 씨를 편안하게 보는 것 같아요. 큰 문제는 없고 이대로도 괜찮다. 그런데 영하 씨가 부지런하고 싹싹한 것 같지는 않다고 느끼는 것 같아요.

(동전 4)**결론을** 말씀드리면 두 사람의 결혼은 성사되겠습니다. 현실을 직시하고 무리하지 않는 선에서 준비하면 될 것 같아요.

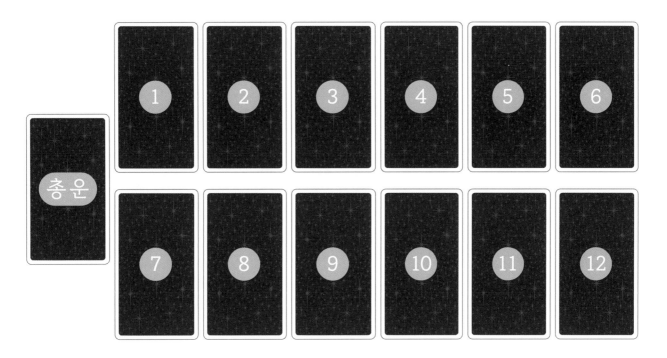

총 운 1장을 먼저 뽑습니다.
❶에서 ⓬까지 배열합니다.
현재 타로 점을 보는 달을 시작으로 1년 운세를 봅니다.
❶은 타로를 보는 현재 달이고, ⓬는 12개월째 되는 달입니다.
예) 9월에 1년 운세를 보면 ❶은 9월이 되고, ⓬는 다음 해 8월이 됩니다.

앞으로의 운세가 궁금해요.

48세, 자영업자 오철민 씨(가명). (2023년 8월 7일 상담)

타로
결과

총 운
지팡이 기사

❶ 8월
컵 기사

❷ 9월
지팡이 여왕

❸ 10월
지팡이 9

❹ 11월
3. 여황제

❺ 12월
검 기사

❻ 1월
지팡이 왕

❼ 2월
검 3

❽ 3월
2. 여사제

❾ 4월
13. 죽음

❿ 5월
1. 마법사

⓫ 6월
지팡이 에이스

⓬ 7월
컵 7

1년 운세는 8월부터 내년 7월까지 12개월을 읽어 드립니다.

(지팡이 기사)**전반적인 총 운은** 1년 동안 열심히 활동하고 사업에 매진합니다. 건강도 활기차고 좋아요. 의욕이 넘쳐 사장님보다 더 어린 친구들과 어떠한 일들을 도모할 수 있습니다. 이동도 많을 것 같아요.

먼저 **재물 운을** 볼게요. 재물 운은 내년 2월부터 4월까지 좋지 않습니다. 재물 운이 가장 좋은 달은 (지팡이 여왕, 3 여황제, 지팡이 왕)9월, 11월, 1월입니다. **사업 운은** 새로운 것을 추진하려면 내년 (1. 마법사, 지팡이 에이스)5월, 6월에 하면 되겠습니다. (컵 7)내년 7월에는 황당한 계획이나 현실성 없는 사업 제안을 조심해야 합니다. **건강 운은** 지금부터 1년 동안 전반적으로 매우 좋습니다. 다만 내년 (13. 죽음)4월에는 갑자기 안 좋아질 수 있고, 주위에서 상을 당할 수도 있겠습니다.

대체적으로 내년에 변화와 변동이 많다고 보시면 됩니다. 안정감이 상당히 떨어지고 움직임도 많아 보입니다.

제9부

타로 카운슬러 Q&A 10

타로 카운슬러 Q&A 10

Q1. 속궁합을 보는 카드가 따로 있나요?

A1. 금요일 밤만 되면 어디서부터, 누가 만들었는지 모르는 '불금'으로 통한다.

상담은 매일 저녁 10시 30분에 마감한다. 야간에 근무하는 선생님과 교대하는 시간이다. 10시 25분 마감 직전에 문을 열고 입장하는 깜찍하고 발랄한 두 분은 누구신가?

"어서 오세요."

"선생님, 속궁합이요. 속궁합!"

의자에 엉덩이를 붙이기도 전에 하는 말이다.

"앉으세요. 오늘 몇 번째 만남이세요?"

"클럽에서 방금 만났는데요!"

"손잡자마자 바로 속궁합?"

"예. 맞아야 가죠!" (여기서 '가죠'는 '장미여관'을 의미한다.)

스프레드를 한 후 타로를 뽑았다. '데카메론 덱'으로 속궁합을 본다.

이들에게 나이는 중요하지 않다.

결과는 '화끈하게 할 거 해라. 오늘밤은 뜨겁게'다.

이렇게 리딩하니 여자 분이 연신 웃으며 좋아한다.

"오케이?"

"예. 선생님. 감사해요."

시원하게 상담비를 내고 유유히 사라진다. 문을 열고 들어와 나갈 때까지 총 걸린 시간이 채 10분도 되지 않는다. 젊음이, 열정이, 자유가 좋구나. 홍대의 매력이기도 하다.

타로 상담사에게 필요한 자세 중 하나는 자신의 기준으로 섣불리 판단하면 안 된다. 무책임하게 방탕한 생활을 한다고, 혹은 너무 철이 없다고 단정 짓지 말아야 한다. 얼마나 솔직하고 당당한가. 저 뜨거움을 어떻게 막을 것인가? 오랜 시간 홍대에서 상담을 했다. 고지식하고 딱딱했던 나도 많이 유연해졌음을 새삼 깨닫는다.

Q2. 오랫동안 기억에 남는 타로 상담 사례가 있나요?

A2. 토요일 홍대 거리는 인파가 넘치다 못해 휩쓸려 밀려간다. 우리 사주&타로 매장 앞의 대형 옷 가게 삼촌(직원)들이 나와서 수시로 인파를 정리한다. 자칫 잘못하다가 앞에서 넘어지기라도 하면 순식간에 대형 사고로 이어질 조짐이 한두 번 목격되는 것이 아니다. 경찰도 수시로 와서 통제하고 정리해주신다. 정말 감사하다. 우리나라 사람뿐만 아니라 외국인까지 정말 많은 사람들이 홍대를 찾아온다. 코로나19 이전의 거리 풍경이다.

어느 날 지방에서 올라온 열네 살 소녀 네 명이 나란히 들어왔다. 대부분 연애나 학업과 관련된 질문을 한다. 이 또래가 가장 궁금하고 관심 있어 하는 내용이다. 소녀나, 청년이나, 중늙은이나 모두의 공통 관심사는 '사랑'이다.

그런데 그중에 한 소녀가 약간 어둡고 답답한 표정으로 안절부절못한다.

'상담비가 없어서 그런가 보다' 정도로 생각했다.

"타로 안 봐도 되는데. 상담은 자유니까"라고 편안하게 말해주었다.

"그게 아니라요. 이런 질문도 볼 수 있나 해서요"라며 나에게 되묻는다.

'무슨 질문일까?' 잠시 생각했다.

"엄마가 언제쯤 집에 올까요?"

이 말을 듣는 순간 내 가슴이 미어진다.

"왜 엄마가 어디 가셨어?"

"네. 집을 나가신 지 3년 정도 됐어요."

"아빠랑 사이가 안 좋았구나. 너 혼자 지내?"

"아빠랑 할머니랑 같이 살아요."

"그게 궁금했구나. 엄마랑 연락은 되니?"

"네. 가끔 전화가 와요."

스프레드를 한 후 타로를 뽑았다. 결과가 좋지 않았다. (18. 달)엄마는 돌아오지 않는다. 조언 카드를 하나 보여줬다. 지팡이 7이다.

"우리 학생이 의지를 가지고 열심히 생활하자. 일정한 시간이 흐르면 스스로 엄마를 찾아갈 수 있다고 나오니까."

"네. 저도 그럴 생각이에요."

그 아이가 나간 후에도 한참 동안 가슴이 아팠다. 열네 살 소녀의 질문이라고 하기에는 너무 슬프고 먹먹했다. 엄마가 얼마나 그리웠으면, 엄마의 사랑이 얼마나 사무쳤으면 타로에게라도 물어보고 싶었을까.

타로 상담사에게는 이해하고 포용하는 어진 마음이 필요하다. 어른으로 좀 더 잘 살아야겠다고 생각한 하루다. 힘들어도 인내하고 노력하면서 견뎌내야 한다. 고난 없이 꽃을 피우고 시련 없이 열매를 맺는 나무가 어디 있을까. 나의 작은 희생이 우리 아이들이 자라는 데 자양분이 된다면 기꺼이 가져다 쓰게 하고 싶다.

Q3. 상담실에 인상이 무서운 사람(조폭)이 들어오면 어떻게 하세요?

A3. 처음에 상담을 시작할 때는 일할 곳이 마땅치 않았다. 당시 상황이 절박했기 때문에 마냥 기다릴 수 없어 '타로 차'를 만들었다. 1톤 트럭을 개조해서 유흥가 골목의 국숫집 앞에 차를 세웠다. 길거리에 왔다 갔다 하는 사람들을 상대로 상담했다. 일종의 '타로 포장마차'였다.

비가 조금씩 개기 시작한 어느 여름밤에 중년의 남자가 들어왔다. 첫인상이 무서웠다. 경직된 표정과 서슬이 퍼런 눈빛이 차가웠다. 그 옆의 여자는 너무나 순한 양이다. 두 사람이 같이 타로를 보겠다고 나란히 앉는 게 신기할 정도였다.

"내가 뭘 해서 묵고 살면 되것소?"

이 남자의 첫마디였다.

요지는 이 남자는 조폭이다. 교도소를 오랫동안 갔다 왔고, 이제 먹고살 길이 막막해 지나가는 길에 타로를 보러 들어온 것이다. 옆의 여자는 계속 이 남자 눈치를 보고 있다.

스프레드를 한 후 타로를 뽑았다. (지팡이 8)결과가 부정적으로 나왔다. (18. 달)길이 보이지 않았다. 그래도 솔직하게 리딩했다.

타로를 본 게 마음에 들었는지 바로 사주 상담을 요청했다. 이름을 적는데 아뿔싸! 중학교 동창이었다. 심지어 먼 친척이기도 했다. 그의 풍문은 들었지만 교도소 생활을 오래 한 지는 몰랐다. 얼굴이 너무나 달라져 몰라보기도 했다. 역시 관상은 못 속인다. 심지어 같이 온 여인은 열두 살 연상이었다. 일부러 아는 체를 하지 않고 성심성의껏 사주도 봐주었다. 상담이 끝나니 시원하게 상담비를 내고 자리를 떠났다. 나의 너스레와 아무렇지 않게 대한 태도가 마음에 들었나 보다.

나라고 왜 험상궂은 얼굴에 겁이 나지 않았겠는가. 상담을 하다 보면 다양한 사람을 만난다. 지인, 오래전 연이 끊긴 사람, 우리가 흔히 보는 사람들도 많다. 하지만 사기꾼이나 양아치처럼 보통의 범주를 벗어나는, 그동안 겪어보지 못했던 수없이 많은 인간상의 사람을 만난다.

타로 상담사에게는 사람에 대한 선입견이 없어야 한다. 연민과 측은지심이 있으면 조폭이 와도 무섭지 않다. 이런 분들의 마음이 더 순수할 때도 있다. 19년 동안 일하면서 네 번 정도 조폭 상담을 해봤다. 그런데 단 한 번도 화를 내거나 결과에 대해서 겁박하고 상담비를 안 주고 간 적은 없었다. 오히려 시원시원하게 상담한다면서 다른 조폭 친구들을 더 데리고 왔다. (안 와도 되는데…)

Q4. 받아서는 안 되는 질문이 있나요?

A4. 야간 근무 선생님이 개인적인 사정으로 나오지 못하면 대표인 내가 대타 근무를 선다. 밤 11시쯤 한눈에 봐도 몹시 화려하고 잘 꾸민 돈 좀 바른 언니가 들어온다. 서른 중반쯤 되어 보인다.

"타로를 보고 싶어요."

"예. 어서 오세요. 어떤 부분이 궁금하신가요?"

"제가 임신이 될까요?"

"예? 남편과 노력하는 데 잘 안 되는 건가요?"

"아니요. 지금 구치소에 있어요."

"그럼 어떤 방법으로 임신을 해야 할까요?"

"이번 달 말일에 출소해요."

"네. 다행입니다."

"반드시 임신을 해야만 해요. 선생님, 임신이 될까요?"

매우 절박해 보인다.

"예. 임신은 좋은 일이니까요. 자초지종을 말씀해주세요."

한참을 이 여인의 얘기를 듣는다. 구치소에 있는 남자는 돈이 많다. 유흥업소를 4개 정도 가지고 있다고 한다. 그러다 보니 여자가 수시로 바뀌고 자신도 그중에 하나인 셈이다. 법 위반으로 잠시 구치소에 수감 중이란다. 이번에 나오면 반드시 임신을 해서 그 사람의 많은 돈을 자기가 갖겠다는 것이다. 무서운 여자다. 그래서 꼭 올해 안에 임신을 해야 한다는 것이다. 이 여인의 목적은 돈이고 수단은 임신이다.

'하…. 이걸 타로 점을 봐야 하나? 어쩌나!'

어찌 보면 상당히 현실적이고 절박한 질문이다.

처음 타로 상담 일을 할 때 이런 사람이 왔으면 성격상 욕을 한 바가지 퍼부은 다음에 내쫓았을 것이다. 허나 타로 점을 보는 것은 내 주관이 아니다. 부도덕적이든 비윤리적이든 그건 내가 판단

220

할 일이 아니다.

다시 돌아와 임신이 될까요?의 결론은 가능성이 엄청 높았다. (컵 에이스)그 후에 잘 살고 못 살고는 타로 상담사의 책임이 아니다. 상담사의 영역이 아니라는 뜻이다. 선택과 책임은 내담자의 몫이다.

가령 "그 사람이 언제 죽어요?" "두 연놈이 언제 헤어져요?" "나를 성폭행한 새아빠를 죽이고 싶어요. 방법이 뭐예요?" 등 이런 질문은 받지 못 한다. 생사여탈권은 타로가 가르쳐주지 않는다. 우리는, 타로 상담사는, 사람을 살리는 직업이다.

Q5. 상담사가 자신의 질문을 하면 왜 안 맞아요?

A5. 특히 초보 상담사일 때 그런 경험이 많다. 상담사의 사적인 감정이 들어가기 때문에 자신의 마음 상태가 타로에 그대로 나오는 경우가 많다. 타로는 라포르 형성, 즉 교감이 중요하다. 그런데 사적인 감정이 들어가니 객관적으로 타로를 보여주지 않는 것이다. 또 아들, 딸, 가족, 자신의 문제에 관해서는 맨 처음 타로의 결과가 부정적이라면, 좋은 결과를 보여줄 때까지 타로 점을 보기도 한다.

나 역시 부정적인 부분을 인정하기 싫고 아들이 상처받을 것 같아서 긍정적으로 고쳐서 말한 경우가 있었다. 하지만 타로가 맨 처음 보여준 것처럼 회사 면접 결과가 좋지 않았다. 좋은 방법은 상담사 선생님이 객관적으로 타로를 볼 수 있는 실력이 될 때까지 가족 문제처럼 자신과 관련된 질문들은 다른 타로 선생님께 부탁하는 것이 현명하다. 나 역시 홍대에서 상담실을 운영할 때 옆에 계신 선생님께 상담비를 지불하고 타로 상담을 했다.

Q6. 질문의 결과가 부정적일 때, 상처주지 않고 현명하게 대처하는 노하우가 있나요?

A6. 타로가 긍정적인 답만 보여주면 얼마나 편할까. 상담사는 결과가 나온 그대로 리딩을 해야 한다. 거짓말을 할 수는 없다. 팁이 있다면 언어 선택을 잘하는 것이다. 예를 들어서 "제가 이번에 회사에 입사할 수 있어요?" 이렇게 질문했는데 결과가 13. 죽음 카드다. 그럼 상담사는 "이번에 입사를 할 수 없어요" "못 들어가요" "떨어져요" "불합격이에요" 이런 언어보다는 "이번에는 인연이 없는 것 같습니다" "다음에 다시 도전해 보는 게 좋겠어요"와 같은 말로 부드럽게 답변을 하고, 반드시 조언 카드를 하나 뽑아서 상담을 마무리하는 것이 좋다. 내담자가 안 좋은 결과를 품에 안고 상담실 문을 열고 나가게 하지 말아야 한다. 조언 카드를 하나 뽑아서 희망적으로 상담을 마무리해야 한다.

어떤 경우에는 안 좋은 결과가 오히려 내담자 입장에서는 좋은 답일 때도 있다. 실제로 상담에서 그런 일이 있었다.

"선생님 그 오빠랑 연애할 수 있어요?"

한 내담자가 이렇게 질문을 했다. 매직세븐 배열법으로 보니 결과가 검 3이다.

"사랑이 안 됩니다. 연애를 할 수 없을 것 같아요. 마음 아픈 일이 생길 수 있습니다."

안타깝지만 내담자에게 솔직하게 이야기했다.

"그래요? 너무 좋아요. 그 오빠는 유부남인데 자꾸 저한테 사귀자고 했거든요. 안 사귀게 되는 게 더 좋아요. 선생님, 감사해요."

문제에 대한 타로 결과는 부정이었지만 반전 결과로 상담은 잘 마무리되었다.

타로 상담사는 타로의 결과가 좋지 않더라도 담담하게 리딩해야 한다. 타로 의미로는 부정일 수 있지만, 내담자에게 긍정일지 부정일지는 아무도 모르기 때문이다.

Q7. 타로 결과를 솔직하게 말하는 게 힘들어요.

A7. 연인들이 같이 와서 궁합을 보겠다고 한다. 결혼 궁합은 대부분 사주로 본다. 하지만 태어난 시를 모르거나 조금 더 재미있고 편하게 볼 때는 타로 궁합도 많이 본다. 또 타로 궁합을 더 좋아하는 분들도 있다.

"결과가 좋게 나올 수도 있고 안 좋게 나올 수도 있습니다. 카드를 잘 뽑으시길 바랍니다. 저는 여러분이 뽑아주신 걸 리딩합니다. 저의 개인적인 의견이 아닙니다."

이렇게 포석을 깔고 궁합 상담을 시작한다. 통계상 100쌍을 타로 궁합 상담을 해보면 40퍼센트 정도는 안 좋게 나온다. 결과를 덤덤하게 받아들이는 커플도 있지만, 미리 언질을 주었음에도 불구하고 불쾌해하면서 나가시는 분도 있다.

그 기분은 당연히 이해가 간다. "두 분은 결혼이 안 될 것 같아요. 어렵겠어요" 이런 좋지 않은 결과를 듣고도 상담비는 다른 질문에 비해 조금 더 지불해야 한다.

그래서 타로 상담사는 '종교인(스님, 신부님, 목사님 등)과 의사 선생님의 중간 정도의 위치다' 이렇게 인식하면서 일해야 한다. 매번 상담할 때마다 긍정적인 답이 나오면 얼마나 좋겠는가. 그렇지 않다. 결과에 대해서 겸허히 받아들일 수밖에 없다. 결과가 좋으면 상담비를 받고, 결과가 좋지 않으면 상담비를 안 받고, 그렇지 않기 때문이다.

Q8. 힘든 단골을 슬기롭게 관리하는 방법이 궁금해요.

A8. 단골 관리는 쉽지 않다. 특히나 타로 점은 절박하거나 현실적인 질문들을 받아야 하는데, 단골들은 수시로 들락거린다. 심지어 조금 과장되긴 하지만 "선생님, 목요일에는 어떤 색의 속옷을 입을까요?"처럼 너무 사소한 것까지 타로에 의지한다. 나는 개인적으로 이런 단골은 만들지 않으려다 보니 조금 냉정해진다.

1년에 한두 번, 정말 절박하거나 열심히 노력을 해보다가 잘 안 돼서 어딘가에라도 물어보고 싶을 때 보는 것이 점이다. 물론 결과가 어떻게 나오든 선택은 스스로 해야 한다. 타로에 끌려가는 생활을 해서는 안 된다. 하지만 모두가 아는 것처럼 타로 상담사 또한 직업 중의 하나고, 직접적으로 수입과 연관되기 때문에 단골의 유혹을 뿌리치기란 정말 어렵다. 그러다 보니 가끔은 손님을 다른 타로 카페나 사주 카페에 뺏기기도 한다. 어떤 면에서는 다행이기도 하고 안타까울 때도 있다.

단골 중에 네 명의 남자와 연애 중인 여자가 있었다. 네 명의 남자랑 각각의 타로를 본다. 타로 상담비도 꽤나 지불한다. 1시간 정도의 상담 시간 내내 네 명의 남자와 관련해 연애 상담을 하다 보니 정말로 지친다. 그야말로 기가 다 빨리고 파김치가 된다.

또 다른 단골 중에는 굉장히 집요한 스물 중반의 내담자도 있었다. 결국에는 나에게 못 오게 했다. 질문의 내용이 너무 난해하고 예민한 질문만 해서 기 싸움이 장난이 아니었다. 제 딴에는 절박하다고 생각하니 타로로 질문하는 것이다. 올 때마다 정신과 상담을 받아보라고 권유했다. 처음 왔을 때의 질문이 생각난다. "아버지에게 맞았는데 눈이 실명된 거 같아요. 눈의 시력이 언제쯤 돌아올까요?" 매번 이런 식의 감당하기 어려운 질문을 한다. 의사의 진찰이 필요한 경우로 병원에 가라고 권유했지만 늘 나에게 찾아왔다.

상담을 하다 보면 생각보다 이런 사람들이 많이 찾아온다. 질문이 안 되면 되돌려 보내기도 하고, 잘 타일러서 스스로 해결하도록 권유하기도 한다. 어떠한 질문이든지 타로가 모두 해결해주지 않기 때문이다. 적중률이 매우 높기 때문에 정말 사소하고 디테일한 부분까지 타로에 의지하려고 한다. 절대 그러면 안 된다. 자신의 삶을 살아야지 타로에 의지해서 살면 안 된다.

타로 상담사에게 힘들고 까다로운 단골을 현명하게 관리하는 방법은 개인의 역량과 선택일 수 있다. 나의 경우에는 솔직하게 대처하는 편이다. 정말로 필요한 전문가를 권하거나, 조금 냉정할 수 있지만 더 이상 그분의 상담을 받지 않는다. 정말로 상담이 필요한 분들을 위한 최선의 선택이다.

Q9. 얼마만큼 공부하고 연습해야 자연스러운 리딩이 가능할까요?

A9. 빨리 잘하고 싶고 떨지 않고 리딩하고 싶은 그 마음을 충분히 공감하고 이해한다. 마음처럼 입이 떨어지지 않는다. 머릿속에는 뭔가 맴돌지만 말로 나오지 않는다. 그래서 리딩반 단계가 있다. 키워드를 가져오는 단계, 쉬운 배열법으로 시작하는 단계, 가벼운 질문부터 받아서 리딩하는 단계, 그 다음으로 전문화된 배열법, 난해한 질문을 쉽게 만들어서 리딩하는 단계 등 다양하다. 차근차근 단계를 거쳐서 공부해야 재미도 붙고 실력이 쌓인다. 처음에는 우물쭈물해도 3, 4개월 후에는 일취월장한다. 복습반을 들으면 확실히 자신감이 붙는다. 공부는 이렇게 하는 것이다. 물론 실전 상담 횟수도 중요하다. 하지만 기본기를 잘 닦아놔야 한다. 입문 시간에 배웠던 키워드, 수비학, 4원소, 코트 카드를 완벽하게 숙지한 후에 배열법에 따른 리딩, 질문에 따른 리딩 등 짧게는 몇 개월 길게는 수년까지 단계를 꾸준히 밟으며 계속 연마해야 한다. 결코 쉬운 일이 아니다.

Q10. 상담비를 받는 게 속물 같고 말하기 어려워요.

A10. 사주나 타로 카페처럼 오프라인으로 상담하는 곳에는 대부분 메뉴판에 상담비가 다 적혀 있다. 그 상담료에 맞게 상담을 하면 된다. 예를 들어서 연애 운이나 간단한 질문은 5,000원. 종합 질문 10,000원. 궁합 20,000원. 이렇게 다 명시되어 있기 때문에 거기에 맞게 상담을 해야 한다. 또는 시간으로 책정해서 상담비를 받을 수도 있다.

오늘부터 우리 박수연 선생님께 배운 거라고 하면서 상담비를 받길 바란다. 선생님이 반드시 상담비를 받으라고 했다. 상담 실력이 대단히 뛰어나든 아니면 초보자든 같은 상담사다. 처음부터 상담비를 받아야 한다. 안 받기 시작해서 실력이 늘면, 손님이 많아지면 그때부터 상담비를 받는다? 그때는 더 안 된다. 습관을 들여야 한다. 돈을 밝히는 거 같다고? 천만에! 돈을 밝히는 것이 아니라 자신의 노력과 가치에 대한 정당한 대가를 받는 거다. 직업인으로서 처음부터 인식하길 바란다. 나부터 상담사로 인정하지 않는데 누가 인정해줄까? 단돈 1,000원이라도 받고 시작해라. (정말 1,000원 받더라.)

순서

1. 스프레드를 한 후에 배열법에 맞는 카드를 뽑습니다.

2. 실제로 뽑은 카드를 '유니버설 웨이트 덱 스티커 북'에서 찾아 붙입니다.

3. 각각의 자리에 키워드를 적습니다.

4. 질문에 맞는 키워드를 활용해 스토리텔링을 합니다.

부록

키워드를
활용한
리딩 노트

① ② ③ ④ ⑤

키워드 연습

① 과거 상황 :

② 현재 상황 :

③ 질문자의 속마음 :

④ 결과의 원인 :

⑤ 결과 :

리딩 연습

Q. 1년 안에 취업할 수 있을까요?

A.

_____

_____

_____

_____

_____

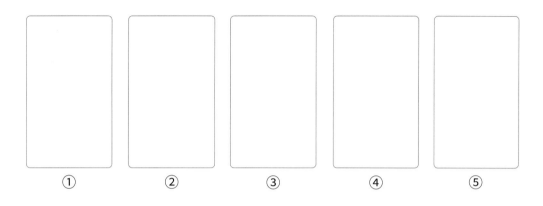

키워드 연습

① 과거 상황 :

② 현재 상황 :

③ 질문자의 속마음 :

④ 결과의 원인 :

⑤ 결과 :

리딩 연습

Q. 1년 안에 남자 친구가 생길까요?

A.

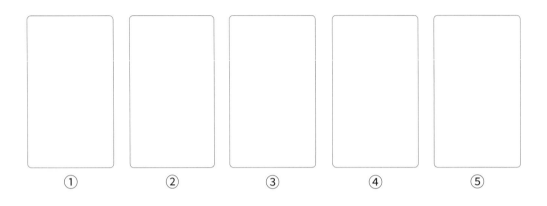

①	②	③	④	⑤

키워드 연습

① 과거 상황 :

② 현재 상황 :

③ 질문자의 속마음 :

④ 결과의 원인 :

⑤ 결과 :

리딩 연습

Q. 자격증 시험에 합격할 수 있을까요?

A.

_____

_____

_____

_____

키워드를 활용한 리딩 노트

① DEATH.

② QUEEN of SWORDS

③ THE MOON.

④ THE LOVERS.

⑤ ACE of CUPS.

⑥ KING of SWORDS.

⑦

⑧

⑨ STRENGTH.

키워드 연습

현재 상황 :

①

②

③

질문자의 속마음 :

④

⑤

⑥

결과의 원인 :

⑦

⑧

결과 :

⑨

리딩 연습

Q. 1년 안에 취업할 수 있을까요?

A.

_____

_____

_____

231

키워드를 활용한 리딩 노트

①　②　③

④　⑤　⑤

⑦　⑧　⑨

키워드 연습

현재 상황 :

①

②

③

질문자의 속마음 :

④

⑤

⑥

결과의 원인 :

⑦

⑧

결과 :

⑨

리딩 연습

Q. 1년 안에 남자 친구가 생길까요?

A.

①	②	③

키워드 연습

현재 상황 :

①

②

③

질문자의 속마음 :

④

⑤

⑥

④	⑤	⑤

결과의 원인 :

⑦

⑧

결과 :

⑨

리딩 연습

Q. 자격증 시험에 합격할 수 있을까요?

A.

⑦	⑧	⑨

_____

_____

_____